CÓDIGO
DE
HONOR

CÓDIGO DE HONOR

Cuando la virtud, el aprecio y el coraje
marcan la diferencia en el liderazgo.

JESÚS SAMPEDRO

B&H
ESPAÑOL®
BRENTWOOD, TENNESSEE

Código de honor: Cuando la virtud, el aprecio y el coraje, marcan la diferencia en el liderazgo.

Copyright © 2024 por Jesús Sampedro
Todos los derechos reservados.
Derechos internacionales registrados.

B&H Publishing Group
Brentwood TN, 37027

Diseño de portada: Darren Welch Design
Ilustración por: venimo/shutterstock and Fourleaflover/shutterstock.
Shutterstock 1840803013 ; shutterstock_2124456059 1 (mapa topográfico)

Clasificación Decimal Dewey: 179
Clasifíquese: HONOR \ CONDUCTA DE VIDA \ LIDERAZGO

ISBN: 978-1-4300-9126-4

Impreso en EE. UU.

1 2 3 4 5 * 27 26 25 24

ÍNDICE

La creación de una cultura de honor

El honor es algo que se ha perdido en cada parte de la sociedad, incluso en las aulas educativas, el hogar y muchos rangos de la cristiandad. En varias oportunidades, escuché decir: «Ya no se le puede decir a nadie "usted", solo "tú"». La propia fibra de la dignidad humana y del respeto mutuo parece estar esfumándose. Los líderes son quienes tienen en sus manos el hermoso llamado a reconstruirla, un día a la vez y una conversación a la vez.

Tango cambalache

Cambalache es un tango argentino compuesto por Enrique Santos Discépolo, que muestra claramente la tergiversación de los valores, el resultado palpable en la sociedad y la decepción ante esa realidad:

Que el mundo fue y será una porquería, ya lo sé, en el quinientos seis y en el dos mil también; que siempre ha habido chorros, maquiavelos y estafaos, contentos y amargaos, barones y dubles. Pero que el siglo veinte es un despliegue de maldad insolente ya no hay quien lo niegue, vivimos revolcaos en un merengue y en un mismo lodo todos manoseaos.

Hoy resulta que es lo mismo ser derecho que traidor, ignorante, sabio, chorro, generoso, estafador. ¡Todo es igual, nada es mejor, lo mismo un burro que un gran profesor! No hay aplazaos ni escalafón, los inmorales nos han igualao... Si uno vive en la impostura y otro roba en su ambición, da lo mismo que sea cura, colchonero, rey de bastos, caradura o polizón.

¡Pero qué falta de respeto, qué atropello a la razón!

¡Cualquiera es un señor, cualquiera es un ladrón! Mezclaos con Stavisky van don Bosco y la Mignon, Carnera y Napoleón, don Chicho y San Martín. Igual que en la vidriera irrespetuosa de los cambalaches se ha mezclao la vida, y herida por un sable sin remache ves llorar la Biblia contra un calefón.

Siglo veinte, cambalache, problemático y febril, el que no llora no mama y el que no afana es un gil. ¡Dale nomás, dale que va, que allá en el horno se vamo´ a encontrar! ¡No pienses más, sentate a un lao, que a nadie importa si naciste honrao! Es lo mismo el que labura noche y día como un buey que el que vive de los otros, que el que roba o el que cura o está fuera de la ley.

Quizás lo que más impresiona es que, a pesar de que parece que se escribió para describir la realidad actual, el tango fue escrito en 1929, y mantiene viva una serie de realidades que se refieren al agotamiento del honor del ser y la razón por la cual la humanidad ha puesto a un lado a Dios y a Su Palabra.

El autor Mike Cleveland dice que el honor no es algo natural para los hombres, especialmente en una cultura en la que se fomentan la deshonra y la rebeldía. Esto contribuye a la ruina de muchos hombres y a la denigración de la cultura en general. Todo esto afecta negativamente a otros hombres, mujeres y niños, y mantiene a la humanidad atrapada en un lodazal de desánimo.[1]

---

1. Cleveland, Mike, *Men of Honor: Men's study group* (Bemidji, MN: Focus Publishing, 2007).

Las relaciones son el núcleo de cualquier cultura, y la forma en que honramos a los demás en esas relaciones es fundamental para su profundidad y significado en la familia, la comunidad y el lugar de trabajo. El Dr. Joseph Umidi, líder académico y entrenador de líderes globales, dice que, ya sea en el desierto de Gobi en Mongolia o en los suburbios de Arizona, el regalo o el don del honor puede transformar una relación, y esas relaciones pueden hacer que una cultura se convierta en un entorno que saca lo mejor de nosotros y de otros.[2]

El respeto, la estima, el valor y la importancia fluyen de la refrescante fuente del honor; sin embargo, el Dr. Umidi se refiere a que lo que se filtra desde los tanques sépticos del deshonor es la vergüenza, la humillación y el desprecio. El deshonor desvalora a alguien al punto de que los diccionarios incluso se refieren a él como «violación».[3] Una de las formas más comunes en que deshonramos es cuando ignoramos a Dios o a las personas. Ignorar a otros es, según el mismo autor, tratarlos como solo parte de un paisaje borroso de nuestras vidas, como algo ordinario, común, sin importancia, incluso dado por sentado; es descontarlos y descontar su propósito único.[4]

Las guerras, el terrorismo, los gobiernos autoritarios, las drogas, la esclavitud moderna, el reclutamiento de niños para las guerrillas, así como indiferencia a la pobreza, la corrupción, la delincuencia organizada, la intolerancia y la descalificación campean a sus anchas. Entonces, ¿qué futuro nos espera? ¿Dónde quedó el honor?

---

2. Umidi, Joseph, *Transformational Intelligence: Creating cultures of honor @home and work* (Create Space Independent Publishing Platform, 2014), pp. 6, 63.
3. *Ibid.*
4. *Ibid.*

Un enfoque egocéntrico

La cultura en la que estamos inmersos impulsa a la gente a poner el foco de atención en sí misma. Lo hacemos al conversar, al orar, al dar conferencias, al trabajar, al resolver conflictos, al servir a otros, etc. Lucas 12:13-21 narra un encuentro de Jesús con una persona rica que tenía un problema de avaricia con su hermano (en el plano horizontal). El problema era tal que se titula la historia: «El rico insensato» (RVR1960). Jesús contó una parábola en la cual un hombre adinerado estaba preocupado por almacenar cosechas y lograr sus propósitos personales, enfocado en su egocéntrico futuro. Jesús contó esto para ayudar al rico a tomar conciencia de su propia condición. A continuación, el relato:

El rico insensato
Le dijo uno de la multitud: Maestro, di a mi hermano que parta conmigo la herencia. Mas él le dijo: Hombre, ¿quién me ha puesto sobre vosotros como juez o partidor? Y les dijo: Mirad, y guardaos de toda avaricia; porque la vida del hombre no consiste en la abundancia de los bienes que posee. También les refirió una parábola, diciendo: La heredad de un hombre rico había producido mucho. Y él pensaba dentro de sí, diciendo: ¿Qué haré, porque no tengo dónde guardar mis frutos? Y dijo: Esto haré: derribaré mis graneros, y los edificaré mayores, y allí guardaré todos mis frutos y mis bienes; y diré a mi alma: Alma, muchos bienes tienes guardados para muchos años; repósate, come, bebe, regocíjate. Pero Dios le dijo: Necio, esta noche vienen a pedirte tu alma; y lo que has provisto, ¿de quién será? Así es el que hace para sí tesoro, y no es rico para con Dios.

El hombre rico estaba ensimismado. Tenía un monólogo acerca de sus pertenencias, sus planes de inversión y sus proyectos de disfrute terrenal. Sin embargo, la pregunta final confronta el egocentrismo terrenal a la luz de la perspectiva eterna, al poner el foco de atención en Dios y en los asuntos de Su reino. En cada ámbito en el que las personas se enfocan en sí mismas, se desarticulan las posibilidades de crear una cultura de honor en la cual la gente florezca y se desarrolle integralmente.

La humildad lleva a la honra

El honor implica reconocer las limitaciones propias y tener una actitud humilde hacia los demás. Una persona honorable no busca el reconocimiento excesivo ni el protagonismo, sino que valora la modestia y el reconocimiento sincero de los logros propios y ajenos. Sin embargo, según el portal Got Questions, «honrar a los demás va en contra de nuestro instinto natural, que es honrarnos y valorarnos a nosotros mismos». La única solución para esto es «estar impregnados de humildad por el poder del Espíritu Santo», ya que así y solo así «podemos estimar y honrar a nuestro prójimo más que a nosotros mismos (Romanos 12:3; Filipenses 2:3)».[5] El orgullo y la humildad son dos actitudes de vida opuestas. El rey Salomón contrasta el orgullo con la humildad, tanto en su naturaleza (actitud) como en los resultados que genera cada una de estas posturas de vida. «Antes del quebrantamiento se eleva el corazón del hombre, y antes de la honra es el abatimiento» (Prov. 18:12). Salomón expresa que el orgullo conduce a la humillación y a la deshonra; mientras que la humildad trae honra y sabiduría. Ese es el sentido de Proverbios 29:23: «La soberbia del hombre le abate; pero al humilde de espíritu sustenta la honra». También lo enfatiza Salomón en Proverbios 11:2: «Cuando viene la soberbia, viene también la deshonra; mas con los humildes está la sabiduría».

---

5. GotQuestions.org, «What Does the Bible Say about Honor?», GotQuestions. org, 18 de octubre de 2011. https://www.gotquestions.org/Bible-honor.html

Los demás son importantes

La esperanza de llegar a establecer una cultura de honor aparece al mover el centro de enfoque de nosotros mismos hacia los demás, incluso haciendo un ejercicio de centrado, en el cual intencionalmente procuramos transferir la atención a los demás. Cuando, en mi comunicación y en mi servicio, la otra persona se convierte en alguien más importante que yo, se empieza a formar una cultura de honor.

En una oportunidad, escuché a un periodista comparar lo que significó entrevistar a dos primeros ministros de naciones, especialmente en una época de mucha complejidad. Aunque ambas entrevistas fueron buenas y gratas, el periodista señaló que, en otras ocasiones, cuando había entrevistado a presidentes o primeros ministros, al final quedaba claro para el entrevistador y la audiencia cuán inteligentes y ágiles eran ellos. Sin embargo, entrevistar a Nelson Mandela, cuando era presidente de Sudáfrica, fue muy distinto. Al terminar la conversación, Mandela había hecho que el periodista se sintiera una persona valiosa e inteligente. Todos los líderes les generaron diferentes impresiones a la persona que los entrevistó, pero la gran diferencia fue cómo se sintió de bien el periodista al final, como consecuencia de ese encuentro y gracias al enfoque conversacional de Mandela. El presidente Mandela se enfocaba en hacer sentir bien a la otra persona y resaltar sus atributos, no en mostrarse como alguien virtuoso.

Peter Hain, un exministro del gabinete británico, comentó acerca de sus encuentros con Mandela: «Siempre fue especial estar en su presencia. Un ícono humilde sin una pizca de engreimiento o arrogancia. Tenía un aura única: una sensación de profunda tranquilidad y amabilidad con todos, pero también una astucia mundana que te hacía sentir a la vez cómodo y asombrado».[6] Igualmente, el Sr. Hain

---

6. Hain, Peter, «Mandela, a Man in Full», New African Magazine, 26 de enero de 2022. https://newafricanmagazine.com/27537/

enfatizó que «de todas las figuras públicas, reyes y reinas, políticos internacionales, celebridades del deporte y el entretenimiento que he conocido —y ha habido muchos—, ninguno tenía la capacidad de Mandela para realizar una autocrítica, para el ingenio y el don de gentes».[7] Demostraba así una mezcla particular de elementos que apuntaban a empatizar con los demás y priorizar sus intereses por encima de los propios en cada interacción, y esto es algo de gran valor en la construcción de un código de honor.

Hay una frase que se le ha atribuido (al parecer, de forma errónea o por lo menos parcialmente) a Nelson Mandela, y dice: «Si le hablas a un hombre en un idioma que entiende, le llega a la cabeza. Si le hablas en su propio idioma, le llega al corazón».[8] Aunque sin duda es una poderosa frase, en el libro *Nelson Mandela por sí mismo* (que utiliza muchas fuentes, incluidas grabaciones de conversaciones entre Mandela y Stengel, alrededor de 1992), Mandela dijo: «Porque cuando hablas bien un idioma —inglés, por ejemplo—, muchas personas te entienden, incluidos los afrikáners, pero cuando hablas afrikáans, sabes que vas directo a sus corazones».[9] Para algunos, la diferencia entre las dos citas podría no significar mucho. De hecho, el espíritu de las dos es muy similar. Mandela estaba hablando del afrikáans, y es probable que esta cita se haya dicho en el contexto de aprender el idioma de los guardias que lo oprimían en la prisión en Sudáfrica durante su encarcelamiento en medio del *apartheid*. El significado aquí estaba claramente en el contexto de una fuerte diferencia de poder entre los hablantes.[10] Pero lo interesante es ver cómo la intención era conectar de forma empática, al aprender y hablar el idioma del otro, aun con quienes representaban la figura

---

7. *Ibid.*
8. Degarbert, Pierre, «My Favorite Nelson Mandela (mis)quote», consultado: 19 de febrero de 2023. https://scholar.harvard.edu/pierredegalbert/node/632263
9. *Ibid.*
10. *Ibid.*

de opresión. Fue una demostración radical, sacrificial y redentora
de empatía.

Igualmente, al interactuar con otras personas, es importante preguntarse: ¿quién es la persona más importante en esta conversación?,
¿en qué idioma estamos abordando la interacción, en nuestro idioma
o en el de la otra persona? Y en la medida en que esta respuesta
apunte a la otra persona, todo fluirá en una mejor dirección y dejará
a la persona sintiéndose apreciada, valorada y honrada, así como se
sintió el periodista al entrevistar a Mandela.

La transformación posible

Los líderes son llamados a crear microculturas de honor en su
entorno. Muchas veces, las personas piensan que es muy difícil
cambiar la forma en que funcionan las familias, las organizaciones y las comunidades. Muchos piensan que hay que empezar con
grandes cambios, pero la realidad es que la mayoría de las grandes
transformaciones inician con pequeños actos, con la activación
de pequeñas iniciativas que usualmente procuran cambiar para
bien lo que existe, dignificar a la gente a su alrededor y agregar
valor a la comunidad. A continuación, veremos algunas historias
de transformación.

El Metro de Caracas, en Venezuela, fue inaugurado en 1981, y el
gobierno orquestó una campaña de concientización que aún años
después es recordada por su efectividad. La campaña enseñaba a
los usuarios sobre la civilidad, sobre cómo portarse adecuada y res-
petuosamente, y sobre cómo cuidar con empeño las instalaciones
que ahora eran parte de todos los caraqueños. Tomó cierto tiempo
instalarla, pero se logró. Por muchos años, sin importar cómo la
gente se portara afuera del metro, en el Metro de Caracas se respi-
raba un ambiente de cuidado y respeto. Algo pasaba con la gente
al llegar al perímetro del Metro de Caracas. Sin importar cuál fuera
la clase social o raza, todos se convertían de repente en ciudadanos

conscientes y de altos modales. La empresa del Metro de Caracas logró crear y mantener por muchos años una microcultura de civilidad y honor que funcionaba dentro de la cultura social reinante fuera de él.

Igualmente, muchos nos preguntamos cómo tantas organizaciones (especialmente, las corporaciones y transnacionales) logran que su gente funcione con un código de puntualidad, que denota respeto hacia los demás y hacia la institución, en medio de una macrocultura como la latinoamericana, por ejemplo, donde la noción del tiempo es relativa y la mayoría llega tarde a casi todos lados. Algunos se lo atribuyen a estrictas normas; otros, a estrategias de motivación; otros señalan la responsabilidad personal o a una cultura instalada que propende a eso. Lo cierto es que muchas corporaciones u organizaciones grandes logran desarrollar una forma de funcionar, una cultura en la cual el respeto por el tiempo de los demás es importante, en la cual la honestidad, el compromiso y la responsabilidad se mezclan para producir un código de interacción que lleva a la efectividad. Uno de los beneficios de funcionar en un sistema de honor es la sostenibilidad, la predictibilidad y la efectividad con la que se logran los resultados compartidos. Sin embargo, es interesante notar que no siempre esa cultura que se logra construir en ciertas organizaciones se traslada a sus sistemas personales y familiares.

Otro ejemplo está enmarcado en una iniciativa llamada El Kilómetro Feliz en la ciudad de Mérida (Venezuela), en la cual unos pocos vecinos de varias urbanizaciones contiguas que se prolongaban a lo largo de un kilómetro quisieron intervenir para cambiar la descuidada y caótica realidad en la que estaban inmersos, y se reunieron para buscar soluciones. Así nació esta iniciativa social llamada El Kilómetro Feliz, buscando mejorar las condiciones de una vecindad. Se dedicaron a hacer sus propias reglas superiores de convivencia, establecieron normas y programas educativos viales para peatones, vehículos y para el transporte público, establecieron valiosas alianzas y consiguieron patrocinadores con lo que pudieron embellecer el lugar (incluidos los jardines, las calles y las zonas de recreación, entre otras áreas) e instalar iluminación nocturna. En resumidas cuentas, se unieron para crear un mejor espacio en el cual convivir. Querían realzar el valor de las personas y de las propiedades en la zona, y lo hicieron tomando la responsabilidad de organizar un microecosistema de honor, belleza, respeto y orden en medio de un ecosistema social más amplio que no les estaba proveyendo las condiciones que todos anhelaban.

En la organización Generosity Path, con la que he tenido la oportunidad de colaborar para expandir el mensaje de la generosidad bíblica a Latinoamérica, se realizan retiros llamados *jornadas de generosidad,* donde se muestra un poderoso video testimonial de Hannington Bahemuka, un líder espiritual durante la dura realidad social que se vivió en Uganda, África, en 2001. Este líder, luego de la devastación de su pueblo por las guerras, le preguntó a Dios: «Señor, ¿qué puedo hacer?», y luego, con dedicación, logró activar la generosidad de todo un pueblo y terminó generando algo hermosamente transformador. Se enfocó en devolverles la dignidad a las personas, en ser un agente de bendición. Es que la generosidad y la intención de honrar a las personas van de la mano, y abren un sinfín de posibilidades para la transformación.

Todo esto demuestra entonces que sí vale la pena y sí es posible crear culturas de honor en medio de contextos culturales externos que no la tienen.

Beneficios de una cultura de honor

Establecer una cultura de honor es posible y vale la pena, ya que trae una serie de beneficios, tanto individuales como colectivos. A continuación, se presentan algunos de los beneficios más destacados:

Beneficios individuales

- *Autoestima y dignidad.* En una cultura de honor, se valora y respeta a cada individuo como ser humano. Esto puede generar una mayor confianza en uno mismo y un sentido apropiado de valía personal.
- *Integridad y confiabilidad.* Al vivir de acuerdo con los valores asociados con un código de honor, una persona desarrolla una reputación de integridad y confiabilidad. Esto puede conducir a desarrollar relaciones interpersonales más sólidas y mejores oportunidades laborales.
- *Respeto mutuo.* Una cultura de honor fomenta el respeto mutuo entre las personas. Esto crea un ambiente en el cual las relaciones son más saludables y duraderas, y se establecen vínculos basados en la confianza, la empatía y la colaboración, que impactan positivamente sobre la gestión.

Beneficios colectivos

- *Cohesión social.* Una cultura de honor fortalece la cohesión social al fomentar el respeto, la colaboración y la solidaridad entre los miembros de una comunidad, un equipo o una organización. Esto contribuye a desarrollar un sentido superior de pertenencia y a relaciones más armoniosas.
- *Ética y responsabilidad cívica.* En un espacio basado en el honor, los ciudadanos se comprometen con el bien común, respetan las normas y las leyes, y se esfuerzan por contribuir al desarrollo y al bienestar de la comunidad.
- *Disminución o mejor manejo de conflictos.* El honor implica resolver los conflictos de manera justa, pacífica y creativa, buscando siempre soluciones que agreguen valor a todas las partes involucradas. Esto, además, puede reducir el maltrato, los enfrentamientos y los desacuerdos entre los involucrados.

- *Desarrollo de reputación y confianza.* Una cultura de honor facilita la construcción de una buena reputación o imagen de marca, tanto a nivel individual como colectivo. Esto identifica atributos y genera confianza interna entre los miembros, así como con otras comunidades, instituciones y organizaciones.

Estos beneficios ilustran cómo una cultura de honor puede generar un impacto positivo en la vida de las personas y en la sociedad en general. Al vivir y promover los valores del honor, se puede crear un entorno más ético, justo y armónico para todos.

La idea del honor

Aclaremos términos

Para iniciar, es importante definir términos, particularmente porque en español existen dos palabras que vale la pena distinguir: honor y honra. El autor Domingo Ricart define la distinción entre honor y honra así: «Se distingue la honra, que se recibe y es debida, del honor que se posee y se defiende».[1] En ese contexto, y para aclarar los conceptos, se dice que una persona es honorable cuando se hace merecedora de ese calificativo por sus méritos y probidad, y puede considerarse una persona digna. En una publicación sobre el tema, el autor Carlos Melogno dice: «El honor requiere una doble estimación: la que tiene el individuo de sí mismo y la que se le atribuye por terceros, por sus méritos. La honra es generada por la apreciación de la gente».[2] Una persona deja de ser honorable cuando comete actos repudiables o censurables. Se pierde en ese caso la honra o la consideración de los demás, al caer en el descrédito y ver menoscabados la fama o el buen nombre. En este sentido, el mismo Melogno se refiere a una frase popular que dice: «Sin honor no hay honra, pues con honor se nace, vive y muere».[3]

---

1. Melogno, Carlos, «El honor y la honra: De ayer a hoy», 7 de julio de 2018, Sindicato Médico Del Uruguay (SMU). https://www.smu.org.uy/wpsmu /wp-content/uploads/2018/07/EL-HONOR-Y-LA-HONRA.pdf
2. *Ibid.*
3. *Ibid.*

La honra, entonces, está más estrechamente vinculada con la fama, con la interpretación apreciativa externa que se tiene de alguien. El honor se tiene o no se tiene; es un atributo inherente a la persona, aunque puede perderse. La honra se recibe, se adquiere y confiere por parte de otras personas y también puede perderse o ser quitada. Se podría decir que el honor es la dignidad de puertas adentro, y la honra, la dignidad de puertas afuera.

Quiénes no tienen honor

Para entender mejor el honor, es interesante examinar quiénes no lo tienen. No lo tienen quienes aparentan virtudes o méritos que no poseen, los que faltan a su palabra o a sus compromisos, quienes agravian u ofenden a su prójimo, los que mienten, los calumniadores, los traidores, quienes se apropian de los bienes ajenos, aquellos que lesionan los derechos legítimos de otros o los perjudican deliberadamente, los criminales, los tramposos, los estafadores, los que trafican y los elitistas, entre otros. Carecen de honor también los individuos y los pueblos sometidos o esclavizados.

Así como es algo que se gana en función de la percepción de la gente, la honra también es algo que puede perderse. Pierden la honra aquellos que cometen faltas, errores o delitos que llevan al menoscabo del aprecio y la estima de sus congéneres.

El término honor en el tiempo

Es interesante estimar diversas perspectivas sobre el significado de *honor* para ciertas civilizaciones. Aunque cada era ha mostrado interpretaciones particulares, es posible identificar ciertos elementos similares en su significado.

En la antigua Grecia, se consideraba que el honor era una condición indispensable para la felicidad, y que algo necesario para conquistarlo era la práctica de la virtud. La vida auténtica debía estar avalada por la virtud y sostenida por una conducta irreprochable, y el deber y el honor estaban íntimamente relacionados.[4] Todo el orden social de la época se basaba en el respeto y la honra que mantienen los seres humanos entre sí. La ausencia de honor se consideraba la mayor tragedia y el mal por excelencia del alma helénica.

En la antigua Roma, el honor era apreciado a tal grado que se veneraba encarnado en el dios Hónos, a quien se le construyó un templo en Roma en el siglo iii a. C.[5] Si bien no se lo consideraba una de las principales deidades romanas, se lo asociaba frecuentemente con una virtud militar, y a su lado, había otro templo dedicado a la diosa Virtus. Ambos aparecían representados como figuras jóvenes y portaban elementos que evocaban el triunfo y la abundancia. De la unión entre el honor y la virtud, se creía que procedía la clemencia. En ese contexto romano, es posible identificar cuánto se valoraba el honor en esa época, y surgían frases como la de Séneca: «Quien pierde el honor, ya no puede perder más».[6]

En la Edad Media, el honor era tenido en gran estima y se consideraba un valor irrenunciable por el cual, si era necesario, se debía estar dispuesto a dar la vida. Es fácil imaginar la era de los caballeros y sus batallas a muerte en busca del honor. También a los artistas y constructores de catedrales se les otorgaba tal estima. Era imprescindible mantener el honor a toda costa, dejando como legado la fama posterior a la muerte. Así expresó Petrarca: *«Un bel morir tutta la vida onora»* [Una muerte hermosa honra toda una vida].[7]

El autor Melogno refiere que el caballero, como entidad surgida y venerada en esta época, tenía un código por el cual se establecían como valores esenciales el pundonor, la valentía, los deberes hacia

---

4. *Ibid.*
5. Enciclopedia Británica, «Honos», 14 de enero de 2008. https://www.britannica.com/topic/Honos
6. Melogno, «El honor y la honra».
7. *Ibid.*

Dios y la sociedad, y la fidelidad a los compromisos contraídos libremente.[8] Representaba en cierta forma la protección de los débiles e indefensos, el auxilio a los pobres y la lealtad a un ideal. El símbolo de su honor era la espada. Esta concepción de sacrificar lo que fuese (incluso la vida) con tal de mantener el honor es una apreciación con cierto parecido a la que se transmite en otros contextos culturales de otras épocas. Como, por ejemplo, el código Bushido de los samuráis japoneses que emergió desde el siglo VIII, y en el cual estos guerreros eran capaces de sacrificarse si veían roto algún elemento implícito en su código de justicia, respeto, valentía, honor, benevolencia, honestidad y lealtad.

En la Edad Moderna, el honor ocupaba también un valor superlativo. Los pleitos derivados de rivalidades, actitudes y hechos considerados ofensivos se dirimían en lances si bien actualizados (más modernizados), similares a los de la Edad Media. El honor «se lavaba con sangre», aunque no siempre triunfaba quien tenía la razón. Lope de Vega, en su obra *La prudente venganza*, expresó: «He sido de parecer siempre, que no se lava bien la mancha de la honra del agraviado con la sangre del que le ofendió, porque lo que no puede dejar de ser y es desatino creer que se quita porque se mate al ofensor la ofensa del ofendido, lo que hay en esto es que el agraviado se queda con su agravio, y el otro muerto, satisfaciendo los deseos de la venganza, pero no las calidades de la honra, porque para ser perfecta no ha de ser ofendida».[9] Pareciera que en la literatura del siglo XVII, muchos autores hispanistas han mantenido el significado de ambos términos, honor y honra, con mucha igualdad. Sin embargo, para Bartolomé de Carranza, en su escrito sobre catequismo cristiano, la diferencia es importante en algunos casos: «Muchas veces se halla la una sin la otra, porque a los perlados y a los príncipes y a todas las personas que tienen oficio público, aunque sean malos, les haremos reverencia;

---

8. *Ibid.*
9. Melogno, «El honor y la honra».

y así tienen honra, pero no tienen fama [...]. Por el contrario, hay personas particulares metidas en los rincones que tienen muy buena fama por la bondad de su vida y los hombres no les dan honra.[10]

El autor Chauchadis logra una recopilación temática muy interesante, en la cual cita a Albán, quien refiere: «La honra no es otra cosa que el premio de la virtud».[11] Más conocida aún es la definición del concepto de «honra» dada por Mateo Alemán: «Como si no supiéramos que la honra es hija de la virtud, y tanto que uno fuera virtuoso será honrado, y será imposible quitarme la honra si no me quitaren la virtud que es el centro de ella».[12]

El autor Castro presenta el honor como algo inmanente, una cualidad valiosa, objetivada en tanto que dimensión social de la persona. Comprendemos en esta fase de su argumentación que el honor corresponde a la virtud y excelencia del sujeto, y, por oposición, que la honra, como la fama, depende de la opinión ajena.[13]

Uno de los grandes peligros de depender de la opinión ajena es que puede no ser necesariamente cierta, objetiva o merecida. José María Diez Borque dice que la honra es poseída por todos. Se refiere a que el honor es, la honra se mueve en la sociedad y puede ser poseída por todos como reflejo de la opinión y no como virtud aislable.

A continuación, veremos la citada definición que da el escritor Lope de Vega en un diálogo que ocurre en *Los comendadores de Córdoba*:

VEINTICUATRO: ¿Sabes qué es honra?
RODRIGO: Sé que es una cosa que no la tiene el hombre.

---

10. Bartolomé de Carranza, *Catechismo christiano*, edición crítica y estudio histórico por José Ignacio Tellechea Idígoras (Madrid, B.A.C., 1972), vol. I, p. 120.
11. Chauchadis, Claude «Honor y honra o cómo se comete un error en lexicología», *Criticon* n.º 17, p. 14. https://cvc.cervantes.es/literatura/criticon/PDF/017/017_069.pdf
12. *Ibid.*
13. *Ibid.*, p. 6.

VEINTICUATRO: Bien has dicho: Honra es aquella, que consiste en otro; ningún hombre es honrado por sí mismo, que del otro recibe la honra un hombre; ser virtuoso hombre y tener méritos no es ser honrado, pero dar las causas para que los que tratan les den honra. El que quita la gorra cuando pasa el amigo o mayor, le da la honra; el que le da su lado, el que le asienta en el lugar mayor; de donde es cierto que la honra está en otro y no en él mismo.[14]

El autor Chauchadis, quien estudia el tema a cabalidad, también destaca la comprensión de la honra aristocrática. La honra del noble, inmanente por su nacimiento, es también de origen externo por ser en su principio favor real.[15] Va acompañada de una honra que está basada en la apariencia, la forma de vestir, los privilegios jurídicos o fiscales y todas las manifestaciones exteriores que conllevan la honra o reverencia ajena. En ese contexto, es común la afirmación de que el noble es virtuoso por la excelencia de su sangre o por la calidad de la educación recibida.[16] Es por eso entonces que los moralistas ascéticos hablan de honra «falsa» y «verdadera», en función de cuán basada esté en la virtud real o en estándares sociales relativos y clasistas.[17]

Se presenta, por tanto, la noción de honor como un conjunto de elementos extrínsecos (la honra que se da), y elementos intrínsecos (la honra que se posee), y nos evoca el famoso verso de la obra de teatro española *El alcalde de Zalamea*, de Pedro Calderón de la Barza, en la que su personaje principal afirma: «Porque el honor es patrimonio del alma, y el alma solo es de Dios».[18]

---

14. *Ibid.*, p. 14.
15. *Ibid.*, p. 17.
16. *Ibid.*
17. *Ibid.*
18. *Ibid.*

En la era en la que vivimos, el honor es más fácilmente monitoreado y se ha convertido en un tema más accesible para el escrutinio público, aunque el mundo virtual nos otorga plataformas en las que es más difícil discernir la verdadera virtud. El *Diccionario de la Real Academia Española* (RAE) define el honor de muchas maneras, entre las cuales resaltan: cualidad moral que lleva al cumplimiento de los propios deberes respecto del prójimo y de uno mismo; gloria o buena reputación que sigue a la virtud, al mérito o a las acciones heroicas, la cual trasciende a las familias, personas y acciones mismas de quien se la consigue; y por último, obsequio, aplauso o agasajo que se tributa a alguien.[19] Mientras que la honra, según la definición de la RAE, comprende también varias acepciones, entre las cuales resaltan: estima y respeto de la dignidad propia; buena opinión y fama adquiridas por la virtud y el mérito; demostración de aprecio que se hace de alguien por su virtud y mérito.[20]

Quizás es posible obtener una interpretación del peso del honor en la sociedad actual de la visión de los derechos humanos vigentes. En la Declaración Universal de los Derechos Humanos (1948) es posible conseguir, por ejemplo, el Artículo 12, que dice: «Nadie será objeto de injerencias arbitrarias en su vida privada, su familia, su domicilio o su correspondencia, ni de ataques a su honra o a su reputación. Toda persona tiene derecho a la protección de la ley contra tales injerencias o ataques».[21] Por otra parte, en la Convención Americana sobre Derechos Humanos o Pacto de San José de Costa Rica de 1978, el Artículo 11, referido a la protección de la honra y la dignidad, dice: «Toda persona tiene el derecho al respeto de su honra y al reconocimiento de su dignidad».[22]

---

19. *Diccionario de la Lengua Española* (2001), «honor». https://www.rae.es/drae2001/honor.
20. *Ibid.*, «honra». https://www.rae.es/drae2001/honra.
21. Chauchadis, «Honor y honra o cómo se comete un error en lexicología», p. 14.
22. *Ibid.*

Entonces, el honor termina siendo, luego de hacer un escrutinio de su significado en el tiempo, un activo (que se posee), mientras que la honra es un pasivo (algo que les debes a otras personas). En todo caso, aparece un agente «honrador» que dispone de varios modos o mecanismos de honrar, y un ente «honrado» por diversos motivos de virtud interna y de excelencia al actuar.

El honor se considera un activo que se posee indistintamente de la opinión o reconocimiento público, mientras que la honra es la que se le otorga a una persona que evidencia virtud. Parecen ser dos caras de una misma moneda; sin embargo, puede ser que haya algún virtuoso que no ha sido honrado, pero eso no le quita ni su virtud ni su honor. Por otro lado, es posible ver que personas sin honor ni virtud hayan sido honradas solo por efecto de su posición o poder, y no por su virtud intrínseca como ser humano.

Perspectivas bíblicas del honor

Al explorar el sitio en línea de referencias bíblicas *Blue Letter Bible*, es posible ver que la palabra griega para honor (*timé*) aparece cuarenta y tres veces en el Nuevo Testamento, y en cuarenta y dos versículos.[23] La misma implica una valoración por la cual se fija el precio por una persona o cosa comprada o vendida. También se refiere al honor que le pertenece o la deferencia que se le muestra a uno según el rango y oficio que posee.

Según el autor, Bevere, la definición simplista y literal de *timé* es «una valoración». Cuando se le dice la palabra *timé* a un hombre griego, él piensa en algo valioso, precioso, de peso, como el oro.[24] El

---

23. «G5092 - Timē - Strong's Greek Lexicon (KJV)», *Blue Letter Bible*, último acceso: 25 de agosto de 2023. https://www.blueletterbible.org/lexicon/g5092/kjv/tr/0-1/.

24. Bevere, John, *Honor's Reward: How to Attract God's Favor and Blessing* (Nueva York, NY: Faith Words, 2007). p. 16.

mismo autor afirma: «Piense: usted no mete oro en el cajón donde tiene basura; más bien le asigna un lugar de honra. Otras definiciones de honra son: apreciación, estima, consideración favorable, respeto».[25]

A veces, para entender mejor una palabra hay que ver su contrario. El antónimo de *honra* es *deshonra*. La palabra griega es *atimía*. Algunas de sus definiciones son: no mostrar respeto o valor; tratar como común, ordinario o nimio. El mismo autor dice que, cuando se le habla de deshonra a un hombre griego, él pensaría en algo común, ligero y que fácilmente se disipa, como el vapor. Incluso menciona que una forma más fuerte de deshonra es ser tratado vergonzosamente y hasta humillado.[26]

El Dr. Joseph Umidi, en su libro *Inteligencias transformacionales*, se refiere al honor como un término con profundo significado social o relacional, que identifica cómo las personas en cualquier sociedad se evalúan entre sí. Cómo evaluamos el valor de alguien afecta nuestra actitud y comportamiento hacia esa persona.

La perspectiva de «peso = honor» arroja luz sobre el concepto de honor en el Antiguo Testamento. En la raíz de la mayoría de las culturas hay una expresión de dar honor a Dios a través de formas que representan cómo se lo valora. La principal palabra hebrea para honor es *kabód*. La palabra es fundamental para la cultura y la teología del Antiguo Testamento. El verbo *kābaḏ* aparece 113 veces[27] y el sustantivo *kabód* aparece 200 veces[28]. Uno de sus significados más significativos es «peso», que luego conlleva un sentido metafórico de algo pesado, de importancia y de honor.[29] Significa atribuirle peso

25. *Ibid.*

26. *Ibid.*

27. «H3513 - kābaḏ - Strong's Greek Lexicon (KJV)», *Blue Letter Bible.* https://www.blueletterbible.org/lexicon/h3513/kjv/wlc/0-1/

28. «H3519 - kabód - Strong's Greek Lexicon (KJV)», *Blue Letter Bible.* https://www.blueletterbible.org/lexicon/h3519/kjv/wlc/0-1/

29. «Honor in The Old Testament», Honor Shame, 4 de noviembre de 2022. https://honorshame.com/honor-in-ot/.

a alguien. Es importante resaltar que la palabra se refiere al «peso social» de una persona, a su honor y distinción. Es posible ver cómo guarda cierta conexión con la palabra *timé* del Nuevo Testamento en griego. Es una palabra que otorga respeto, valor, importancia e incluso autoridad en nuestras vidas. Quizás es por eso que, en la cultura actual, el término tiene una connotación de un «tipo pesado», al referirse a alguien con peso, con poder o influencia. Según el sitio en internet Honor Shame, preguntar en contextos occidentales «¿Cuánto pesas?» puede ser ofensivo. Pero en las culturas de honor-vergüenza, la misma pregunta puede ser un gesto de respeto, porque su mentalidad a menudo supone «peso = honor».[30]

A continuación, es posible identificar algunas formas en que se usa la palabra. El significado más común de *kabód* es «gloria». Este sentido de la palabra también puede describir la majestuosidad y el esplendor de los objetos inanimados (Ex. 28:2; Isa. 60:13; Hag. 2:3). Según el sitio *web* Honor Shame, la palabra se puede asociar con humanos (Job 14:21; Prov. 20:3; Isa. 17:4; Hab. 2:16), pero el uso abrumador de *kabód* se refiere a la gloria de Dios. Él posee gloria de forma innata (Sal. 113:4; 138:5; Isa. 42:8; Ezeq. 39:21; Zac. 2:5). Es el Dios de la gloria, y por consiguiente, de Él emana gloria (Deut. 5:24; 1 Rey. 8:11; Sal. 19:1; 72:19; Isa. 6:3; Ezeq. 8:4); es decir, se refiere a la manifestación del poder, la autoridad y el honor de Dios.[31]

Jadár es otra palabra del Antiguo Testamento que guarda relación con el honor, y aparece unas cuarenta veces. Honor Shame menciona que este sustantivo significa *esplendor* y *majestad*, a menudo en un sentido real (Job 40:10; Sal. 21:6; 96:6; Prov. 20:29).[32] Tanto *kabód* como *jadár* aparecen en el Salmo 8:5: «Le has hecho poco menor que los ángeles, y lo coronaste de gloria *(kabód)* y de honra *(jadár)*».

---

30. *Ibid.*
31. *Ibid.*
32. *Ibid.*

Como derivado de lo anterior, es posible ver también el honor como la celebración de la belleza del esplendor manifestado de Dios y por consiguiente de Su orden establecido. Es el reconocimiento, restablecimiento o ubicación apropiada de aquello que tiene peso. Dar honor es traer las cosas a su sitio adecuado. Cuando algo es reconocido por lo que es, está en su sitio correcto y es bien ponderado, no solo se ve bien, sino que también trae un sentido de plenitud, tranquilidad y paz alrededor.

Algo que podemos ver claramente a través de estos pasajes bíblicos es que el honor trae beneficios y, además, no solo beneficia a quien lo recibe en forma de honra, sino que también tiene beneficios para quien lo da. Dios nos honra por honrar a quienes lo merecen: «Si alguno me sirve, sígame; y donde yo estuviere, allí también estará mi servidor. Si alguno me sirviere, mi Padre le honrará» (Juan 12:26). Al honrar a Dios, Él nos honra a nosotros, pero puede que no nos honre de una manera que el mundo consideraría honor, como el estatus, la riqueza y el reconocimiento.[33]

Dios honra a las personas a Su tiempo y a Su manera. En el Antiguo Testamento, es posible ver en Mardoqueo, en Daniel, en José y en varios más tal realidad. Cuando Dios los honró, fue un impulso a su propósito, una validación a su llamado. La honra que viene de Dios es motivadora, te dice: «Sigue adelante, yo estoy contigo». Él ciertamente tiene un galardón especial para quienes dan dimensión adecuada a la honra (Rom. 2:6-8).

33. «¿Qué enseña la Biblia sobre el honor?», CompellingTruth.org, último acceso: 28 de agosto de 2023. https://www.compellingtruth.org/Espanol/honor-en -la-Biblia.html

A QUIÉN HONRAR

Honrar a Dios

La Biblia nos exhorta a expresar honor y estima en diversas instancias y hacia ciertas personas. Se espera que los humanos den gloria y honor a Dios (Jos. 7:19; Sal. 29:1; Isa. 42:12; Mal. 2:2), así también como Dios da honor y gloria a las personas (1 Sam. 2:29; Sal. 3:4; 8:5; 91:15).[1] El llamado central de la Biblia (Prov. 3:9) es a dar a Dios gloria y honor como la prioridad en nuestras vidas, algo que nos permite tener un estilo de vida de dar honor u honrar a otros.

Una canción de Danilo Montero nos brinda una interpretación musical al respecto:

Damos honor a ti, damos honor a ti
Creador de vida eres tú
Damos honor a ti, damos honor a ti
Porque no hay otro Dios como tú.
Rey de reyes, admirable, eres el principio y fin
Soberano y sublime, eres nuestro salvador.

Dar honor a Dios es la dimensión más importante, e implica buscar agradarle en todo. Además, impacta a las demás dimensiones

---

1. «Honor in The Old Testament», Honor Shame, 14 de noviembre de 2022. https://honorshame.com/honor-in-ot/

del honor. Es importante identificar entonces formas en las que podemos hacerlo de forma práctica, reconociéndolo y viviendo para El según Su Palabra, guiados por Su Espíritu Santo y luego extendiendo Su mensaje de salvación y amor al prójimo a través del servicio.

La búsqueda del cacique

Esther Hernández explica que «cacique» es una palabra taína documentada por primera vez en *La Española*, en el diario de Colón (1492). Los taínos son un grupo étnico de personas históricamente ubicados en el Caribe. Los españoles extendieron el uso de la palabra por el continente americano. El glosario etimológico taíno-español histórico y etnográfico (1941) deriva la palabra del verbo *arawak kassikóan*, que significa: «habitar o tener un hogar». La palabra «cacique» se refiere entonces a un líder o señor entre la gente de las islas del Caribe.[2] El cacique es una persona que, en un pueblo o comarca, ejerce una influencia dominante o de liderazgo en asuntos políticos o administrativos en una tribu indígena. Cada tribu normalmente tiene uno o varios caciques.

En mi época de surfista, experimenté en varias ocasiones la desventaja de no ser local en una playa. Cuando los surfistas de una playa van a surfear a otra playa, no son siempre bienvenidos por los locales o nativos, y a veces se da un enfrentamiento de poderes. Es una especie de batalla implícita por el territorio. La disputa por las escasas o las mejores olas y la tranquilidad de la playa se puede hacer evidente de diversas formas. Desde vociferaciones, pasando por la

---

2. Fadul López, Valeria, «A Cacique By Any Other Name», 8 de diciembre de 2020. https://www-folger-edu.translate.goog/blogs/collation/a-cacique-by -any-other-name/?_x_tr_sl=en&_x_tr_tl=es&_x_tr_hl=es& _x_tr_pto=rq#:~:text=Esther%20Hern%C3%A1ndez%20explains%20that%20 %E2%80%9Ccacique,its%20usage%20throughout%20the%20Americas

falta de respeto al orden al momento de quién se queda con una ola que están queriendo tomar varios a la vez, incluso hasta llegar a que te roben tus pertenencias mientras surfeas.

Temprano, descubrí que la mejor manera de salir ileso y con nuevos amigos era tratar de ir recomendado y conectar con alguno de los surfistas locales. Los locales en el surf te garantizaban que fueras bien tratado, o al menos, no serías maltratado. Por eso, siempre que iba a una playa nueva a surfear, me preguntaba: «¿Hay alguien que conozca o hay alguien que me pueda presentar a los locales?».

Creo que esto es igualmente importante en el ámbito del liderazgo espiritual. No porque haya rivalidades locales, sino por la importancia de reconocer que en cada ciudad o zona hay líderes a quienes Dios ha puesto, que han estado trabajando, y que además conocen lo que está pasando y lo que le conviene a la comunidad. Tiene sentido que líderes que han invertido tiempo en impactar y ganar a personas de la comunidad para la causa de Cristo se sientan amenazados cuando llega alguien nuevo, con nuevas iniciativas. Se activa en ellos un sentido protector dado por Dios que habilita y bendice a los locales. Por eso es importante que, al llegar a la comunidad, uno pueda reconocer y honrar el trabajo de quienes han invertido y lideran iniciativas en ella. El visto bueno y el reconocimiento de ellos es muy necesario; sin embargo, eso no significa que tengan que estar de acuerdo o participar en todo.

Buscar siempre quién ejerce el liderazgo o quién es «el cacique» en una playa, un pueblo, una ciudad, un evento, un grupo o una organización es sabio. La idea no es solo conocerlos, sino también reconocerlos y respetarlos. Según la costumbre bíblica en el Antiguo Testamento, sería el equivalente a aquellos líderes respetados que se encontraban en la puerta de la ciudad, donde se decidían los asuntos cruciales de interés público y privado.

En una oportunidad, estaba junto a mi padre, Augusto Sampedro, en nuestra natal Valencia, en Venezuela. De repente, mi padre recibió una llamada y empezó a hablar en inglés. La llamada duró unos pocos minutos. Al colgar, me dijo: «Era el Dr. John Maxwell». Su equipo le estaba habilitando el contacto directo y personal con líderes de la ciudad en el marco de un evento que estaban realizando esa semana en nuestra ciudad. Mi padre era el director nacional de un ministerio internacional de alcance y equipamiento a profesionales y empresarios. Llamar personalmente a mi padre para hacer contacto con el líder de un ministerio en la ciudad fue un acto de cortesía que a pocos líderes se les ocurre. Sin duda, un factor determinante del éxito global de su iniciativa de formar líderes a nivel global es conectar con el liderazgo local. Fue una llamada de honra, de respeto, de reconocimiento y de intención colaborativa. Esa llamada obviamente nos animó aún más a asistir y a promocionar la actividad, pero realmente me quedo con el valor de cómo un pequeño acto puede representar tanto, y de reconocer cómo un detalle de una breve llamada puede hacer una gran diferencia e insuflar motivación. El Dr. John Maxwell estaba identificando y honrando a representantes del liderazgo de la ciudad. Estaba diciéndoles: «Los reconozco, los valoro, respeto lo que hacen y lo que representan para la ciudad». Indirectamente, también estaba motivándolos a seguir adelante. Unos pocos minutos fueron suficientes para identificar y reconocer dignidad en el rol ejercido por mi padre.

A las personas que logran respetar el liderazgo de cualquier entidad (sea una ciudad, un grupo o una organización), normalmente les va mejor que a las que no lo hacen. Y una forma de respetar es tener la disposición de honrarlas. Cuando alguien reconoce que Dios ha instalado estructuras de liderazgo o autoridad y busca honrarlas, a esa persona les esperan bendiciones de parte de Dios.

Instancias del honor

También se espera que demos honor a nuestros padres, a los ancianos, a quienes trabajan con nosotros y a los que están en autoridad (Lev. 19:32; Rom. 13:1; Ef. 6:2). Es importante entender que toda autoridad y honor pertenecen solo a Dios (1 Crón. 29:11; 1 Tim. 1:17; Apoc. 5:13); y aunque Dios puede delegar Su autoridad a otros, todavía le pertenece a Él (Ef. 4:11-12).

El apóstol Pedro dice: «Honrad a todos. Amad a los hermanos. Temed a Dios. Honrad al rey» (1 Ped. 2:17). La palabra *amor* también está ligada al honor. Pablo dice: «Ámense los unos a los otros con amor fraternal, respetándose y honrándose mutuamente» (Rom. 12:10, NVI). La idea de honrar a todos y la expectativa de hacerlo mutuamente nos pone un alto estándar.

También señala particularmente la honra a los que están en posiciones de autoridad (el rey, por ejemplo), y eso se debe a que representan la máxima autoridad de Dios.[3] Un ejemplo clásico es el mandato de «someterse a las autoridades públicas, pues no hay autoridad que Dios no haya dispuesto» (Rom. 13:1-6, NVI). El apóstol Pedro enseñó acerca de la importancia de respetar a dichas autoridades cuando escribió: «Sométanse por causa del Señor a toda autoridad humana, ya sea al rey como suprema autoridad o a los gobernadores que él envía para castigar a los que hacen el mal y reconocer a los que hacen el bien» (1 Ped. 2:13-14, NVI).

La Biblia habla de otro grupo notable de personas que merecen «doble honor»: el liderazgo de la iglesia, o los «ancianos»: «Los ancianos que gobiernan bien, sean tenidos por dignos de doble honor, mayormente los que trabajan en predicar y enseñar» (1 Tim. 5:17). En la iglesia del primer siglo, algunos ancianos trabajaban en la palabra y la doctrina dedicando su tiempo a la predicación y

---

3. «What Does the Bible Say about Honor?», gotquestions.org, 18 de octubre de 2011. https://www.gotquestions.org/Bible-honor.html

la enseñanza, mientras que otros lo hacían en privado o se dedicaban a otro oficio virtuoso distinto. Sin embargo, todos los ancianos prestaban atención a los intereses de la iglesia y al bienestar de sus miembros. Estos hombres tenían derecho al doble honor de respeto y deferencia por su posición, así como a apoyo material o monetario.

La Biblia también nos da el mandato de honrarnos unos a otros en nuestras relaciones en el contexto laboral, particularmente entre empleador y empleado (Ef. 6:5-9; 1 Tim. 3:17; 6:1), así como en la relación matrimonial, donde el esposo y la esposa se honran mutuamente (Ef. 5:23-33; Heb. 13:4).

Curiosamente, de todos los mandamientos de honrarnos unos a otros, el más repetido se refiere a honrar al padre y a la madre (Ex. 20:12; Mat. 15:4). Este era tan importante para Dios que, si alguien maldecía o golpeaba a su padre, debía morir (Ex. 21:15-17). Además, «es el primer mandamiento con promesa; para que te vaya bien, y seas de larga vida sobre la tierra» (Ef. 6:2-3). La vida abundante y longeva entonces está muy ligada a la honra a los padres.

La práctica del honor y el respeto también se aplica a nuestros ancianos, familiares y hermanos en Cristo. Cuando no tratamos a los demás con honor y respeto, deshonramos a Dios y podemos avergonzar a nuestros padres.[4] Sin duda, se ve bien cuando una persona joven trata de forma especial y respetuosa a una persona mayor, solo por el hecho de ser mayor. Por el contrario, qué desdichado es el que le falta el respeto a alguien mayor. La perspectiva bíblica nos guía a dar peso a la experiencia, a la vejez. Proverbios 16:31 dice: «Corona de honra es la vejez que se halla en el camino de justicia». En las personas piadosas con vejez están acumulados los secretos de la sociedad, el esplendor de la sostenibilidad humana, el legado familiar, la sabiduría colectiva, el sustento comunitario y el legado espiritual. El apóstol Pablo exhortó al joven líder

---

4. «Africa Study Bible: "Honour & Respect"», Honor Shame, 12 de septiembre de 2017. https://honorshame.com/africa-study-bible-honour-respect/

Timoteo a tratar a los ancianos de manera especial (1 Tim. 5:1).
Cualquier persona que ama al Señor mostrará respeto a los mayores.
Levítico 19:32 exhorta diciendo: «Delante de las canas te levantarás,
y honrarás el rostro del anciano, y de tu Dios tendrás temor. Yo
Jehová».

3

Una tribu de «honoristas»

Construir una cultura de honor en donde adoramos, servimos o vivimos requiere acción, proactividad, pasión y paciencia para cambiar realidades. Es imposible construir una cultura de honor desde la zona de confort, ya que implica una transformación profunda en el sistema de creencias, hábitos y valores de un sistema institucional, un equipo, una comunidad o una familia. Requiere esfuerzo y perseverancia. Tampoco es viable construir una reputación de honor de la noche a la mañana, y mucho menos por decreto. Construir o reconstruir una cultura de honor es un asunto que lleva tiempo, porque ha de verse como una iniciativa multifactorial que va construyéndose progresivamente. En general, supone decisiones seguidas de una serie de acciones que perduran en el tiempo, y que abarcan a todos los que forman parte de una entidad.

Construir o reconstruir el honor de un sistema humano es normalmente un deporte de equipo. Y aunque requiere el esfuerzo de varios, es interesante ver que inicia con la incomodidad de uno respecto al funcionamiento de las cosas. Tal aspiración implica que alguien decida vivir mejor, que varios se pongan de acuerdo para cambiar el *modus vivendis* (forma de vivir), que actúen con determinación y terminen alterando para bien el estado existente de las cosas, desde actos cotidianos hasta grandes hazañas de transformación. Todas las expresiones demuestran la valiosa intención de sostener con sus vidas el peso de lo importante. Son un grupo de personas determinadas o una tribu de «honoristas» que actúan desde la integridad, el coraje y la determinación de rescatar y establecer el honor. Aunque la palabra *honoristas* en sí no existe, es una forma de identificar a quienes se unen en pos del honor.

Llama la atención el cambio de la guardia en la Tumba al Soldado Desconocido en el Cementerio Nacional de Arlington. La ceremonia con una esmerada coreografía es un tributo a los soldados cuyos nombres y sacrificio «solo Dios conoce». Igualmente conmovedor es ver a los que caminan por allí cuando las multitudes ya no están: van y vienen, día tras día, incluso con mal clima. En septiembre de 2003, el huracán Isabel avanzaba amenazante sobre Washington, y se les dijo a los guardias que podían refugiarse durante la peor parte de la tormenta. Como era de esperar, ¡los guardias se negaron! Con nobleza y altruismo, permanecieron en sus puestos para honrar a sus camaradas caídos.[1] Este es un ejemplo de un grupo de defensores intencionales de una causa, una demostración de lo que significa mostrar coraje para sostener un legado que honra a muchos, y convertirse así en miembros de la tribu de los honoristas.

Cuando un joven se da cuenta de que algún vicio le está robando su futuro y decide dejarlo. Cuando una persona se cansa de alguna situación recurrente en su edificio o comunidad y decide hacer algo para traer una solución apropiada. Cuando un ladrón decide no robar más. Cuando un grupo de personas no tolera más las ineficiencias con respecto a algún servicio o producto y decide proveer una solución. Cuando alguien decide cambiar las cosas en su país y se convierte en un líder nacional. Todas estas son respuestas de honoristas ante situaciones reales que implican la determinación por luchar por lo que es valioso, por lo que trae bienestar, por lo que tiene peso y por lo que agrega valor.

---

1. Kilgore, Randy, «Honor en todo momento», nuestropandiario.org, 29 de mayo de 2017. https://nuestropandiario.org/US/2017/05/29/honor-en-todo-momento

Nehemías y el honor de su pueblo

Cuando Nehemías quiso reconstruir los muros de Jerusalén, tuvo
valentía para reconstruir el honor de su pueblo. Leamos el pasaje:

Sucedió en el mes de Nisán, en el año veinte del rey Artajerjes,
que estando ya el vino delante de él, tomé el vino y lo serví al
rey. Y como yo no había estado antes triste en su presencia,
me dijo el rey: ¿Por qué está triste tu rostro? pues no estás
enfermo. No es esto sino quebranto de corazón. Entonces
temí en gran manera. Y dije al rey: Para siempre viva el rey.
¿Cómo no estará triste mi rostro, cuando la ciudad, casa de
los sepulcros de mis padres, está desierta, y sus puertas consumidas por el fuego? Me dijo el rey: ¿Qué cosa pides? Entonces
oré al Dios de los cielos, y dije al rey: Si le place al rey, y tu
siervo ha hallado gracia delante de ti, envíame a Judá, a la ciudad de los sepulcros de mis padres, y la reedificaré. Entonces
el rey me dijo (y la reina estaba sentada junto a él): ¿Cuánto
durará tu viaje, y cuándo volverás? Y agradó al rey enviarme,
después que yo le señalé tiempo. (Neh. 2:1-6)

Cuando le llegó la noticia a Nehemías de que la ciudad de Jerusalén
estaba en una condición terrible y destruida, se preocupó. Sin embargo,
es interesante ver en el versículo 3 cómo él habla de la casa de los
sepulcros de sus padres y se refiere no solamente a una ciudad, no
solamente a unas puertas de una ciudad consumidas por el fuego,
no solamente a la desolación, sino a todo el legado implícito de un
pueblo, al decir la «casa de los sepulcros de mis padres». Allí habían
nacido, allí habían crecido y allí habían muerto. Alguien tenía que
hacer algo para levantar lo significativo del pueblo de Israel y del
Dios de Israel que venía impreso en ellos. Su intención de honrar a
sus antepasados era automáticamente una acción de coraje delante
de Dios. Se atrevió a pedirle al rey permiso para dejar sus funciones

actuales e ir a reconstruir la ciudad. Dios, en Su soberanía, permitió que el rey le diera permiso y proveyera lo necesario para la reconstrucción, pero es importante entender que le fue permitido hacerlo por su condición de confiabilidad y virtud personal. Es muy difícil pensar que alguien sin una reputación, sin virtud y sin honor pueda ir a construir el honor de alguien más, mucho menos de su propia gente. Dios permitió que Nehemías tuviera el coraje y la determinación para ir y reconstruir Jerusalén. Hay muchas personas que, a pesar de no haber tenido hasta el momento un legado o una trayectoria de honor en su propia vida, son capaces de ir en pos de un acto como este que las haga merecedoras de honor y les permita redimir cualquier ausencia, carencia o mala acción del pasado hacia un futuro promisorio y esperanzador.

No se puede procurar el honor y quedarse sentado a la vez; hace falta una pasión que moviliza para entregar el honor merecido (o perdido) de alguien. Implica también la movilización estratégica de voluntades y recursos. Supone un esfuerzo enfocado y sostenido. Es valioso ver que, así como en el caso de Nehemías, se conjugan una pesada carga que se deposita en el corazón ante una necesidad percibida y la pasión por hacer algo al respecto. Nehemías se dio cuenta de la realidad y eso le pesó profundamente. Sentía pesadumbre en su corazón, pero un peso de incomodidad. Una incomodidad que, en lugar de paralizar, lo impulsó a hacer algo con voluntad y denuedo. Esto habla de líderes de coraje que hacen lo que tienen que hacer, cuando tienen que hacerlo, para levantar el valor de un pueblo.

Apasionados por el honor

En la Biblia hay un término griego, *filotiempóomai,* que aparece tres veces en el Nuevo Testamento (Rom. 15:20; 2 Cor. 5:9; 1 Tes. 4:11), y que se refiere a personas que aman (*fílos*) o se apasionan por el honor (*timé*). Son individuos inquietos por el establecimiento de una cultura de honor, y que están dispuestos a pagar el precio de la honra. Parten de una seria y loable ambición que habilita, activa e impulsa una disposición para luchar para que se establezca el honor.

En 2 Corintios 5:9 el apóstol Pablo declara: «Por tanto procuramos también, o ausentes o presentes, serle agradables». Es una forma de decir: «Ambicionamos serle agradables». La palabra griega mencionada anteriormente, *filotiempóomai* o «un amor de honor», implica que es una cuestión de honor serle agradables. De manera similar, en el libro de Hechos es posible ver cómo los apóstoles, luego de ser azotados por predicar, «salieron de la presencia del concilio, gozosos de haber sido tenidos por dignos de padecer afrenta por causa del Nombre» (Hech. 5:41). Ser deshonrados (ante el mundo) por honrar a Dios no es entonces ser deshonrados. Ser avergonzados ante los hombres significaba para ellos ser honrados ante Dios. Podemos ver así que se trata de una ambición santa, una que procura honrar a Dios por encima de todo.

Los cuarenta soldados leales al rey

El libro *Locos por Jesús*, publicado por el ministerio La Voz de los Mártires, cuenta una valiosa historia sobre el poder de la determinación y la fe inquebrantable en el Señor mostrada por una legión de soldados romanos. Los autores la llaman «la legión imponente», y aparece en Sebaste, Armenia, particularmente en el Imperio romano oriental (actual Sivas, Turquía) que estaba bajo el emperador Licinio (308—324 d. C.).

> El gobernador romano se paró resueltamente frente a cuarenta soldados de una legión romana. «Os ordeno que presentéis una ofrenda ante los dioses romanos. Si no lo hacéis, perderéis vuestra privilegiada posición militar».
>
> Cada uno de los cuarenta soldados creía fielmente en el Señor Jesucristo. Ellos sabían muy bien que no debían

negarlo, ni ofrecer sacrificio a los dioses romanos, a pesar de lo que les pudiese hacer el gobernador romano.

Camdidus habló en nombre de la legión. «Para nosotros, no hay nada que sea más querido, o digno de mayor honor que Cristo nuestro Dios».

El gobernador intentó otras tácticas con el fin de que los soldados negasen su fe. Primero les ofreció dinero y honores imperiales. Luego los amenazó con tormentos y torturas.

Camdidus respondió: «Nos ofreces dinero que aquí se quedará y gloria que se desvanece. Intentas convertirnos en amigos del emperador, pero enajenarnos del verdadero Rey. Lo que deseamos es un regalo: la corona de justicia. Anhelamos recibir gloria: la gloria del reino celestial. Amamos los honores, pero aquellos que ofrece el cielo.

»Nos amenazas con horrendas torturas y a nuestra piedad la llamas un crimen, pero verás que no somos tímidos, ni nos aferramos a esta vida, ni somos fácilmente afectados por el temor. Por amor a Dios, estamos preparados para soportar cualquier tipo de tortura».

El gobernador estaba furioso. Ahora su deseo era verlos morir lenta y dolorosamente. Los desnudaron y fueron llevados en medio de un lago congelado. El gobernador colocó soldados para que los vigilasen y que les impidieran llegar a la orilla y escapar.

Los cuarenta se animaban unos a otros como si estuviesen en una batalla. «¿Cuántos de nuestros compañeros de milicia cayeron en el campo de batalla, demostrando lealtad a un rey terrenal? ¿Será posible que nosotros fracasemos en sacrificar nuestras vidas en fidelidad a nuestro verdadero Rey? Soldados, manténgase firmes sin vacilar, no demos las espaldas al huir del mismo diablo». Pasaron toda la noche aguantando valientemente su dolor, y regocijándose en la esperanza de estar pronto frente al Señor.

Para intensificar el tormento de los cristianos, baños de agua caliente fueron colocados alrededor del lago. El gobernador esperaba por este medio debilitar la firme resolución de los hombres helados. Y les dijo: «Pueden venir a la orilla cuando estén listos para negar su fe». Al fin uno de ellos sí se debilitó, salió del hielo y entró en el cálido baño. Cuando uno de los soldados que estaba en la orilla vio la acción del desertor, él mismo tomó su lugar. Sorprendiendo a todos con lo repentino de su conversión, se desvistió y corrió desnudo para unirse a los demás hombres que también estaban desnudos en el hielo, mientras gritaba a viva voz: «Yo también soy cristiano».

Algunos lo llaman «el misterio del martirio». ¿Cómo es que, al ver 39 creyentes dispuestos a morir por su fe, un soldado altamente entrenado, y en la flor de la vida, se siente inspirado a unirse a estos en la muerte? Al pensamiento moderno, esto le parece más extraño. Es asombroso ver cómo Dios obra a través de estas trágicas situaciones para atraer más gente hacia Él.[2]

Esta historia recrea entonces otro ejemplo de miembros de la tribu de los honoristas en el tiempo. Fue una demostración de un grupo que, con gran determinación, valentía y sacrificio personal, estuvo dispuesto a honrar a Dios. Su demostración de procurar lo correcto fue inspiradora, a tal punto que movilizó a un soldado a completar el grupo. La tribu de los honoristas había sido mermada, pero la entereza del grupo prevaleció.

Hay que reconocer que existen también quienes ponen todo su empeño en buscar una falsa honra y a quienes no les importa

---

2. DC Talk, y La Voz de los Mártires, *Locos por Jesús: Historias de aquellos que nunca negaron a Jesús: Los supremos «locos» por Jesús* (Miami, FL: Editorial Unilit, 2003), pp. 91-92.

comprometer su código esencial. El autor Barth Campbell, citado por John Wright, no solo argumentó que el discurso de honor-vergüenza impregna la carta de 1 Pedro, sino que, para las comunidades cristianas desfavorecidas de honor en la diáspora, la promesa del honor otorgado divinamente estaba asegurada.[3] Mientras estaban en condiciones de opresión e incluso de humillación laboral a causa de ser inmigrantes y por su fe, en esta epístola, el apóstol Pedro les recuerda a los cristianos que Dios tenía cuidado de ellos y era quien daba la verdadera honra, la que es duradera y produce paz profunda. Que, sin importar las presiones temporales, Dios tenía un legado maravilloso reservado para quienes lo honran. John Elliott, también citado por Wright, señaló: «El cristianismo, según 1 Pedro, estaba ofreciendo a sus conversos un tipo especial, incluso único, de honor y un estatus dentro de una sociedad obsesionada con la *filotimia*, el amor al prestigio».[4]

El honor, tal como se enseña en las Escrituras, es muy diferente del tipo de honor que busca el mundo. El honor y los premios se amontonan sobre aquellos con riqueza, influencia política, poder mundano y estatus de celebridad. Aquellos que buscan desmedidamente el honor y la estatura fugaces de este mundo no tienen en cuenta que «Dios resiste a los soberbios, y da gracia a los humildes» (1 Ped. 5:5; ver también Prov. 16:5; Isa. 13:11). Así eran los fariseos de la época de Jesús, que buscaban el honor y los elogios de los hombres. Sin embargo, Jesús los rechazó. Él dijo: «Hacen todas sus obras para ser vistos por los hombres» (Mat. 23:5). No solo los catalogó de hipócritas, sino también de «serpientes» y «víboras»,[5] anunciándoles el futuro oscuro que les esperaba (Mat. 23:29-33).

---

3. Wright, John Randolph, «The "Unfading Crown of Glory" as Conceptual Key Subverting Honorifics in 1 Peter», *Novum Testamentum* 65 (2023), pp. 83-108.

4. *Ibid.*

5. «What Does the Bible Say about Honor?», gotquestions.org, 18 de octubre de 2011. https://www.gotquestions.org/Bible-honor.html

Los creyentes saben exactamente a quién quieren honrar y de quién viene la verdadera honra. Un corazón arrepentido por el amor de Dios es un corazón transformado, y que quiere apasionadamente honrarlo a Él y a los demás; quiere ser parte de la tribu de los honoristas.

4

LAS BASES DE HONOR PARA LA TRANSFORMACIÓN

Tu legado es lo que haces con la cultura de honor que cambias o creas.[1]

—DR. JOSEPH UMIDI

Una de las misiones de un embajador de la fe en el mercado es la de traer transformación en el poder del Espíritu Santo. Cuando un creyente entra en contacto con un ecosistema organizacional, normalmente va a ser impactado y va a impactar de alguna manera. Alguno de los dos va a cambiar, o el sistema o la persona. Es muy extraño que un creyente coexista por mucho tiempo en una organización y nadie note su fe (ni los efectos de ella) en su gestión, por pequeño o grande que sea su impacto, por estratégico o táctico. Una fe activa afecta e impacta la cotidianidad; la altera, no la deja igual.

No importa cuánta presión, dificultad o incertidumbre existan en el sistema organizacional; el trato decoroso, amable y respetuoso precisa mantenerse. El líder es responsable de crear un ambiente agradable dentro de la organización que facilite la interacción confiable, humilde, genuina y respetuosa, y que promueva la creatividad, la colaboración y la pasión por el trabajo. La congruencia del líder al

---

1. Umidi, *Tranformational Intelligence* (Ibrandinside, 2014).

hablar (contenido, tono y gestos) precisa acompañarse de un sistema conversacional empoderador que distinga y apele al talento, y que facilite el sentido de corresponsabilidad (junto a los colaboradores) en la construcción de un ambiente impregnado de honor y respeto.

Es preciso regresar a una curiosidad infantil sobre la vida, y a un interés genuino de saber y descubrir sin tener una agenda personal. Es importante crear un compendio de habilidades conversacionales que funcionen como vehículo para esta curiosidad. En primer lugar, está descubrir cómo alguien tiene un diseño único e individual, según su personalidad y temperamento. Hay muchas pruebas efectivas que exploran ese diseño. En segundo lugar, están también los deseos únicos que impulsan a las personas con energía y pasión, principalmente descubiertas en la clarificación de valores centrales. El tercer énfasis es comprender los sueños únicos que han captado la imaginación de alguien a lo largo de los años. Todo esto puede ayudar a descubrir el destino único que les da su misión personalizada y que resulta en su legado único. Es en las relaciones familiares y laborales donde las personas son honradas a través de las actitudes, los comportamientos y las conversaciones que se comparten diariamente. Así crearemos culturas que honren, que tengan un carácter distintivo y que logren sacar lo mejor de las personas y las organizaciones.[2] En muchos sentidos, el legado es un subproducto del descubrimiento y la habilitación de las personas en un ambiente de honra.

Creer en la persona

Las flores que están en montañas inhabitadas tienen una belleza intrínseca, a pesar de que nadie las vea, aunque no las fotografíen ni las consideren. Poseen una belleza otorgada por el Creador. Esa esencia las hace valiosas para Él, que es lo más importante. Asimismo, el aspecto de la cosmovisión relacionado con el valor

---

2. *Ibid.*

intrínseco del ser humano nos puede traer a la esencia del honor. Decidimos creer que las personas tienen un valor infinito, dado por Dios. Y por eso vale la pena ayudarlas a tener éxito integral como una forma de honrarlas. Éxito es ser y hacer progresivamente todo aquello para lo cual fuimos creados. Implica ser todo lo que Dios quiere que seamos con lo que Él nos dio (capacidades, carácter fortalecido, hábitos esenciales, etc.) y la aspiración de una vida santa y de servicio efectivo a otros.

Por muchos años, en mi experiencia configurando relaciones de desarrollo en el contexto de liderazgo (entrenamiento, consultoría y *coaching*), hemos decidido funcionar desde una premisa básica: «Creemos en las personas con las que interactuamos». Es decir, *a priori* y muy a pesar de su condición actual o de su parecer, es imprescindible reconocer su valía y creer en sus talentos y dones, en sus capacidades para salir adelante, en su habilidad para tomar decisiones acertadas, en su capacidad para alinear valores y para cambiar, entre otras. Si esto no ocurre, el acompañamiento y la habilitación no tienen sentido.

En el contexto del liderazgo, se trata de ver a los colaboradores como personas completas, creativas y competentes para gestionar su vida, y poseedoras de (o capaces de desarrollar) los recursos necesarios para resolver situaciones y problemas. Lo que creamos sobre las capacidades de los demás tendrá un impacto directo sobre su actuación, y se notará en la forma en que nos relacionamos con ellos.

En el libro *Líder excepcional, coach transformacional,* que publiqué junto al Dr. Arnoldo Arana, intentamos facilitarles a los líderes la comprensión y el uso de herramientas de *coaching* para su efectividad en la gestión. Nos referimos a que un líder-*coach* trabaja en la gestión de cambio con el enfoque de estar 100 % del lado del colaborador-*coachee* (persona que recibe *coaching*). El *coach* necesita confiar en el *coachee* y acogerlo sin ningún tipo de prejuicio. Precisa ver la vida del *coachee* llena de propósito y ser optimista respecto a sus posibilidades. El *coach* cree en la capacidad del *coachee* para gestionar su propia vida de forma responsable e intencional. Carl Rogers llama este énfasis «la mirada positiva incondicional». El *coach* está convencido de que el poder para el crecimiento, el aprendizaje y el cambio residen o pueden ser habilitados en el *coachee*, no en él como *coach* ni en la sofisticada técnica que use. Este enfoque ha de ser practicado por el *coach* no como una técnica o metodología, sino como un principio rector, que guía su aproximación al *coachee*.[3]

De esta manera, en gran medida, los resultados exitosos de un proceso de *coaching* ocurren gracias al protagonismo del *coachee*. El mérito reside más en el *coachee* que en el *coach*, aun cuando se reconoce el papel catalizador del *coach*. Concluimos que el papel de *coach* consiste en crear el espacio de asociación y confianza en el que el *coachee* pueda avanzar, en un contexto de aceptación y confianza con el cual el *coach* lo acoge.

El *coach*, combinando esta perspectiva de fe con una relación transparente e incondicional, desata el poder para el cambio en la vida del *coachee*. Al respecto, comenta el manual de formación en *coaching* de Lifeforming Leadership Coaching: «Por eso el *coach* hace preguntas en lugar de decir lo que la persona tiene que hacer, escucha en lugar de dar consejo, y respeta al cliente como alguien que es experto en su propia vida». En este sentido, el *coach* escoge no direccionar ni inducir al *coachee*, sabiendo que existe una brújula interior en su vida. Para el *coach*, esta premisa se convierte en una disciplina de fe. El *coaching* es la disciplina de creer en las personas».[4]

3. Sampedro, Jesús, y Arana, Arnoldo, *LÍDER Excepcional, COACH transformacional: Poder para desarrollar liderazgo y transformar organizaciones, una conversación a la vez* (Valencia: Global Leadership Consulting, 2020), p. 18.
4. Lifeforming Leadership Coaching, *Coach Training Certification Manual* (Virginia Beach, VA: Lifeforming Leadership Coaching, 2013).

Un asunto colectivo

Todos somos especiales para Dios y jugamos un rol valioso en Su reino. La Biblia lo afirma, e incluso resalta la percepción de valía desde un ángulo colectivo. En su primera carta a los creyentes de Corinto, el apóstol Pablo les comunicó un interesante mensaje (12:4-7). En el versículo 24, les dijo: «pero Dios ordenó el cuerpo, dando más abundante honor al que le faltaba». Enfatizó así, a través de la metáfora del cuerpo humano, que cada creyente tiene un papel importante en el cuerpo de Cristo (la Iglesia). El apóstol enumeró una serie de dones espirituales y comparó su uso con el funcionamiento de las diversas partes del cuerpo humano, para beneficio de todo el conjunto (vv. 8-10). Los creyentes en Corinto tenían configuraciones y trasfondos culturales, dones y personalidades diferentes; sin embargo, tenían en común el hecho de que estaban llenos del mismo Espíritu y que pertenecían al mismo cuerpo de Cristo. Pablo mencionó en forma específica y especial las partes del cuerpo que eran más débiles e indecorosas, y enseñó que todos los hijos de Dios desempeñan un papel necesario e importante. Así como todos son necesarios e importantes en un equipo deportivo, ninguna parte es más indispensable que otra.[5]

En este sentido, el Salmo 92:12 también entrega una rica metáfora del cedro para el ejercicio de liderazgo. Es interesante considerar el esplendor de cada árbol y el valor relativo que obtiene por ser parte de un ecosistema. A una comunidad de cedros entrelazados, unidos y en red en un sistema interdependiente de raíces, se lo conoce como bosquecillo. Como grupo, los muchos árboles que lo componen son, biológicamente, un organismo. Los ancestros preferían los árboles que habían crecido en bosquecillos, ya que sus troncos eran más derechos y firmes, más apropiados para trabajos en madera y para

---

5. Williams, Marvin, «Eres necesario», nuestropandiario.org, 18 de enero de 2013. https://nuestropandiario.org/US/2013/01/18/eres-necesario

los altos mástiles de barcos. Los árboles maduros en el bosquecillo proveen albergue, nutrición y aflojan la tierra con sus raíces, permitiendo que árboles jóvenes crezcan de los conos y fijen allí también sus raíces. Un retrato de la fortaleza del cedro son los hombres y las mujeres fuertes que crecen juntos, influyen con sus ramas a su entorno, y cuyo tronco provee un espacio de abrigo, refrescamiento y sanidad a otros, e impregnan su ambiente al transformar naciones, centros de influencia y culturas para el deleite de Dios. Los líderes se necesitan los unos a los otros para crecer en madurez, estatura, valía e influencia.[6]

Crear un contexto habilitante

El líder es el arquitecto social, el que crea el ambiente total en el que funcionan las personas, incluso en lo conversacional. Es igualmente responsable de abrir los espacios para la generación y el florecimiento efectivo de ideas en la organización. Los autores Von Krogh, Ichijo y otros hablan de la importancia de crear un «ambiente habilitante o *Ba*». El concepto de «Ba» surge de un término japonés que se refiere a un contexto organizacional, ya sea físico, virtual, mental o, lo más probable, una mezcla de los tres.[7] La creación de un ambiente implica también considerar los asuntos espirituales y emocionales, y con un alto énfasis en lo comunicacional.

Crear un ambiente apropiado que fomente la creatividad y el sentido de significado implica la armonización de múltiples aspectos, tanto tangibles como intangibles. Por eso es importante acompasar elementos relacionados con el diseño estructural, relacional y

6. Sampedro, Jesús, «Los líderes son como cedros. (Parte III)», *Inspiración para liderar* (blog). CBMC, 8 de junio de 2016. http://inspiracionparaliderar.blog spot.com/2016/06/los-lideres-son-como-cedros-parte-iii.html?q=cedros

7. Krogh, George Von, Kazuo Ichijō, y Ikujirō Nonaka, *Enabling knowledge creation: How to unlock the mystery of tacit knowledge and release the power of Innovation* (Oxford: Oxford University Press, 2000).

motivacional de la organización para tal fin. También es fundamental crear un ambiente lo más participativo posible. Permitirles a los colaboradores que participen en las decisiones de cambio, el diseño de ese cambio y su implementación los llevará a sentirse parte de la organización, del proyecto y de su propósito; aumentarán sus responsabilidades y también sus capacidades para cumplirlas. En este sentido, el rol del líder incluye facilitar el intercambio adecuado entre personas, como por ejemplo, el diseño y mantenimiento de oficinas apropiadas y cómodas, iniciativas que faciliten conversaciones de pasillos, asignación de mentores, eventos de experimentación compartida, y finalmente, recompensar y reconocer el trabajo bueno y creativo, entre otras iniciativas.[8]

Es igualmente importante considerar los aspectos emocionales y espirituales al momento de construir un código de honor en cualquier ambiente. Si el descuido, la opresión, el abuso o el maltrato han sido parte de un ecosistema, es de esperar que cualquier intención de cambio tenga resistencia. Y ciertamente, crear un ambiente habilitante y que facilite la transformación puede implicar distintas cosas, enfrentar distintos retos y de diversas dimensiones. Para algunos, puede significar cambiar el clima laboral de un departamento; para otros, puede ser tomar decisiones radicales sobre políticas y procedimientos, relocalizar personal e implementar nuevas estrategias dentro de la organización; mientras que para otros, puede significar un esfuerzo mucho más amplio que llegue a cambiar las reglas de juego imperantes en una industria, un gremio o una comunidad.

Historias de transformación

A continuación, veremos algunas anécdotas de la vida real que nos pueden ayudar a expandir nuestra visión de lo que significa intervenir

---

8. Umidi, *Tranformational Intelligence* (Ibrandinside, 2014).

intencionalmente un ambiente para crear una atmósfera habilitante y de honor.

Tuve la oportunidad de conocer a una funcionaria pública en un país latinoamericano, la cual, al ser transferida a un cargo de mayor responsabilidad y dirigir una nueva entidad, tomó su primera decisión ejecutiva el primer día de funciones e hizo inmediatamente limpiar de parafernalia, altares y estatuas con fines oscuros que se encontraban por todos lados en las instalaciones. Para ella, crear un ambiente de trabajo de honor empezaba por un ambiente libre de esos artefactos. Sin duda, tuvo críticas y detractores, pero tomó la iniciativa con determinación.

Cuando una de mis hijas era muy pequeña, supe que su colegio celebraría Halloween de una manera que no había visto en otras celebraciones. Era una gran fiesta comparada con las otras que habían hecho. Casi nunca hago esto, pero en ese momento, les escribí una carta con algunas reflexiones. Mi intención principal fue preguntarles: ¿por qué más bien no promovemos una cultura preponderantemente hacia la vida, lo hermoso, lo divertido? Inicié y cerré la carta agradeciéndoles la valiosa labor que hacen en general y el esfuerzo de excelencia en el buen cuidado y la educación para nuestros hijos. Los invité a la reflexión y a buscar alternativas didácticas alrededor de esa celebración en particular. Ellos habían comentado que la celebración sería un tanto sencilla y sin mayores «disfraces», emulando entonces poco apego a las implicaciones profundas y oscuras del Halloween. Sin embargo, les comenté algunas inquietudes.

Halloween es una celebración originaria de otras latitudes, con ninguna conexión cultural local (aunque eso no sería algo limitante), y realmente me cuesta ver qué valores o virtudes pueden promoverse a través de su celebración. Apreciaría mucho cualquier comentario al respecto. Les comenté que en esta era en la que vivimos, más que nunca necesitamos que la fe nos pueda llevar a afianzar nuestras convicciones, aunque eso implique nadar contra la corriente comercial o lo habitual en otras unidades educativas. Mencioné que he visto que desde diez días antes de la celebración, ya hay parafernalia en los jardines al respecto. Me pregunto si, con esa misma fuerza, sería posible celebrar otras festividades que impulsan lo que queremos y con lo que sí estamos a favor (por ej.: la vida, la familia, el patriotismo, la solidaridad, etc.). Finalmente, los reté a pensar en los orígenes oscuros del Halloween y en que, ante la situación que atravesamos, quizás merecemos darnos una oportunidad de explorar nuevas y más creativas formas para celebrar y festejar. Mi anhelo es que logremos abrazar abiertamente y con marcha a tope (no a medias tintas) todo aquello que nos acerca a lo mejor como seres humanos.

Quiero que noten que mi intención con esta carta fue sincera y cuidadosa. El colegio realmente realiza una gran labor educativa en general. Mi carta fue recibida con cordialidad, aunque no logró detener la celebración. Espero que al menos haya servido para la reflexión y la toma de conciencia al respecto. En mi opinión, un código de honor se crea, entre otras cosas, desde artefactos tales como los eventos que celebramos o los que dejamos de celebrar; y por eso creo que es tan importante tomar más conciencia con respecto a lo que celebramos.

En una oportunidad, una ejecutiva de una corporación transnacional en Venezuela me comentó que se vio sorprendida por un interesante acontecimiento en la empresa. El nuevo presidente ejecutivo asignado para esa nación, un norteamericano que recientemente había sido nombrado y llegado al país, descubrió que un porcentaje significativo de trabajadores no había asistido a trabajar en un día laboral, y cuando consultó a las personas de su gabinete de liderazgo, la respuesta fue que había llovido muy fuertemente la noche anterior. Como es de saberse, muchas personas en la ciudad, sobre todo en las zonas menos privilegiadas, sufren embates por las lluvias en sus casas y sus comunidades, hay inundaciones o dificultad para acceder al transporte público por las condiciones de las vías. Es muy común ver que, luego de una fuerte lluvia, al día siguiente muchas personas faltan al trabajo.

Acto seguido, este ejecutivo se sorprendió al pensar que están operando en un país tropical, con mucha lluvia, y lo que esto significa en cuanto a un gran desperdicio del potencial de las personas y la productividad de la empresa. Pero, sobre todo, lo que le preocupaba más era pensar que sus empleados tuviesen que lidiar con esto en sus vidas cada vez que llovía. Imaginar que se te inunde la casa o que no puedas trasladarte porque la zona donde vives esta inundada, o no tienes vehículo y el transporte público no te puede llevar, todo esto era un asunto de preocupación para este ejecutivo. Por lo cual, su primera decisión ejecutiva fue buscar mecanismos inmediatos para proveer seguridad en el hogar y un vehículo propicio para que todos pudiesen dormir tranquilos e ir a trabajar, a pesar de las lluvias. Según el testimonio de esta ejecutiva, antes de culminar su gestión, el nuevo presidente había logrado tal cometido. Es que, cuando los líderes toman conciencia de los problemas de las personas a su alrededor y se proponen hacer algo al respecto que beneficie, bendiga y genere bienestar para las personas, inmediatamente están abonando el terreno para la construcción de una cultura de honra.

En el sistema organizacional bajo la responsabilidad de un líder, se habla como el líder o como él permite que hablen, aunque la gente no se dé cuenta de que habla de esa manera. En una oportunidad, Gary Grant, británico, fundador y dueño de la gran cadena de jugueterías The Entertainer, tuvo una profunda transformación espiritual al conocer personalmente a Jesucristo como su Señor y Salvador. Seguido a esa experiencia, inició una serie de transformaciones en cuanto a cómo manejaba su cadena internacional de tiendas, y también en la forma personal en que él vivía su fe. Una de las primeras cosas que hizo fue definir un sistema de valores e intervenir el lenguaje o sistema conversacional con el que las personas interactuaban diariamente, especialmente en los almacenes. Es que no se trata solamente de evitar el uso de palabras obscenas, sino también de promover y equipar al personal en el uso de palabras que animen, que edifiquen y que agreguen valor a las personas a su alrededor.

Primero, internamente, y luego con los clientes, con los proveedores e incluso con la comunidad.

Tuve la oportunidad de ser parte de la junta directiva de la Asociación de Ejecutivos de mi estado por cuatro períodos, y fue una valiosa experiencia. Una particular asignación que recibí fue la de retomar y dirigir el renombrado congreso anual de gerencia que por años ha llevado a cabo la institución. Uno de los primeros retos fue la selección de los conferencistas. Todo el mundo tenía recomendaciones muy buenas. Entre los muchos recomendados, pude seleccionar a los que consideré que serían los mejores para los objetivos del congreso, honrando la historia y la intención estratégica de la organización. Esa selección ciertamente fue un ejercicio para asegurar qué contenido de valor se proveía.

En una era donde la gerencia está infiltrada por concepciones de pseudoespiritualidad, nueva era, sincretismo, e hipermotivacionalismo, cualquier filtraje implicaba cambiar la oferta a lo que ofrecía o demandaba el mercado. En ese momento, me vi como una compuerta estratégica de personas, contenidos y aportes de valor a la asociación, a los participantes y a la sociedad en general. Yo quería ver cómo podía cambiar la estructura del evento e impactar a través de él. Era un congreso de gerencia, y esperaba poder montar la mejor puesta en escena de un evento que trajera el mejor beneficio posible para la organización y la ciudad. Finalmente, la selección se finalizó y el congreso fue un éxito. Alcanzamos un muy alto porcentaje de apreciación de los conferencistas de parte del público, pero es particularmente interesante saber que los que obtuvieron los tres más altos porcentajes fueron exactamente los tres conferencistas de fe cristiana que participaron. Sabemos que este no fue el único factor que hizo del congreso un evento exitoso, ya que, como equipo, le pusimos mucho empeño a los detalles, pero qué bueno fue ver cómo un rol estratégico, donde algo tan importante es seleccionar a quién habla, puede tener un efecto de agregar valor y generar transformación.

Mi buen amigo y socio en el desarrollo de líderes desde 2005, el Dr. Arnoldo Arana, me contó una anécdota en la que, durante su travesía organizacional por una gran corporación, tuvo que hacer una intervención gerencial que quizás le salvó la vida a él y a algunos de los colaboradores de su departamento. Los sistemas establecidos estaban manteniendo a todos en el departamento bajo una extenuante rutina de casi siete días de trabajo, horas extras y mucho estrés, un equilibrio pobre entre familia, salud y trabajo, y lo peor era que parecía no tener solución. Algunos ejecutivos incluso iban a las oficinas durante los domingos a beber café y para leer la prensa. Se había instalado una cultura de adicción al trabajo.

Hasta que, un día, el Dr. Arana tuvo un colapso de salud y estuvo hospitalizado por varios días. Eso lo llevó a una reflexión profunda y una desesperación por querer cambiar esa realidad. Al reincorporarse, llamó al departamento y les planteó la idea de hacer algo para cambiar el sistema juntos. Todos merecían algo mejor que el estilo de vida que tenían, y si no podían cambiar toda la organización, al menos podían cambiar algunas prácticas en su departamento que marcaran la diferencia.

Iniciaron un proceso de análisis y reestructuración de sistemas y procedimientos que les llevó varios meses de esfuerzo extra, reuniones y colaboración con otros departamentos, hasta que lograron que todos pudieran trabajar solo cinco días, y terminar su trabajo a tiempo (sin horas extras). Sin duda, les tocó poner un esfuerzo extra por un tiempo, pero eso les devolvió el honor a todos en ese departamento. Ahora, todos lograron llegar a trabajar en un horario normal, ir a casa a compartir con sus familias, cuidar su salud y aún mantener el sentido de logro y propósito asociado con el trabajo. Eso es lo que hacen los líderes. Actúan con determinación y creatividad para rediseñar los sistemas en beneficio de las personas a su alrededor, y crean sistemas de efectividad y bienestar para todos.

Uno de los roles de cada líder en esto de construir honor es restaurarlo donde se ha perdido, o darlo a quien no se le ha dado. Muchas organizaciones han pasado años sumidas en culturas nocivas, donde los individuos son denigrados y la erosión del honor es evidente. Equipos de ejecutivos han dejado que florezcan ciertas prácticas cotidianas en el ecosistema organizacional que, con el tiempo, han tenido un efecto devastador en la forma en que la gente se relaciona, en la forma en que la gente habla, en fin, en la forma en que la gente funciona.

En mi rol de consultor empresarial, he tenido la oportunidad de contribuir con la transformación de organizaciones con culturas muy duras, profundamente instaladas. He enfrentado resistencias fuertes, personas que sencillamente te dicen en la cara: «¡No quiero hacer nada de lo nuevo que se quiere hacer; si quieren, bótenme!». El asunto es que, cuando las personas han sido tratadas de una manera nociva por tantos años, no solo podrían estar funcionando desde el cinismo, sino que sencillamente quizás no sepan que hay algo mejor, no se imaginan funcionar dentro un código conversacional que les agregue valor, reconozca continuamente su valía y aprecie su contribución.

Recobrar o instalar una cultura de honor es un proceso que requiere determinación, perseverancia e intencionalidad. Lograr construir una cultura de honor lleva tiempo. Es un esfuerzo continuo que requiere el compromiso de todos los miembros de una familia, organización o comunidad. Con el tiempo, el impulso de un ambiente basado en el honor termina generando una cultura más positiva y ética para todos. No ocurre de la noche a la mañana, pero sí es posible. Y vale la pena.

5

ASUNTOS DE AUTORIDAD
Y LIDERAZGO

Uno de los enigmas más desafiantes de cómo funciona el liderazgo tiene que ver con la relación entre el líder y sus seguidores. En ocasiones donde no parece haber acuerdo, un gran reto es el abordaje relacional y conversacional de mutuo aprecio y reconocimiento. Sin humillar ni socavar, en ambas direcciones.

El líder a sus seguidores

En un informe de la empresa de análisis y asesoría Gallup, titulado «Estado de la fuerza laboral global», se están reconociendo tres grupos de empleados: una minoría comprometida y que trabaja con entusiasmo (23 %), una mayoría llamada renunciantes silentes que no están comprometidos (59 %) y un creciente número de renunciantes ruidosos que están activamente no comprometidos (18 %).[1]

---

1. *State of the Global Workplace: 2023 Report.* Gallup, 2023. https://www.gallup .com/workplace/349484/state-of-the-global-workplace.aspx?utm_source =google&utm_medium=cpc&utm_campaign=new_workplace_non_branded _employee_engagement&utm_term=workplace%20survey&gclid=Cj0KCQ jwoeemBhCfARIsADR2QCtUYiAIfR79cYtFF9XI-o0wwkFkoKDkUPmnHB PqWSOlxafpaMn8pVkaAu-SEALw_wcB

Uno de los más grandes flagelos que estamos percibiendo en esta era tiene que ver con el sufrimiento en los rangos. Sea que las personas lo expresen o no, muchos están descontentos, desanimados y con poca intención de mantener el curso gracias a una sensación de abandono, descuido o maltrato por parte de sus líderes y el contexto organizacional; o la irrelevancia y desconexión que perciben tener en cuanto a los propósitos compartidos con la organización. Hoy en día, es posible notar una fuerza laboral con cada vez más apatía y cinismo, lo que implica un gran reto para el liderazgo, ya que tienes gente sin productividad ni entusiasmo. Hay empleados que sencillamente, aunque asisten día a día al trabajo y realizan sus funciones, no están allí con su mente y corazón; anhelan estar en otro sitio. Pero lo peor es que no les importa y no se lo dicen a nadie (o a casi nadie).

Todo este escenario invita a considerar: ¿a qué se debe esta situación? ¿Por qué está la fuerza laboral así? Vale la pena indagar si es un asunto de salario, de bienestar, de percepción de justicia organizacional, de lo inadecuado del rol en cuanto a competencias/dones, de no recibir la atención anhelada, de la percepción de estancamiento, de maltrato, o una mezcla de las anteriores.

No es posible crecer de forma armónica y sostenida si en el camino se les hace daño a las personas, consciente o inconscientemente. No importa la cantidad de trabajo, esfuerzo y recursos que se invierta en algo; si tratas mal a las personas, si no puedes generar alianzas y sostenerlas, tu labor difícilmente fructificará. Zig Ziglar afirmó que a la gente no le importa lo que sabes hasta que sabe cuánto te importa realmente.[2] El aprecio genuino queda en evidencia tarde o temprano; es imposible fingirlo sostenidamente.

---

2. Ziglar, Zig, *See You at the Top* (New Orleans, LA: Pelican Publishers, 2006).

Reglas esenciales de convivencia

El recato y el buen trato siempre son producto de una buena educación. En el metro de Singapur te multan si te sorprenden lanzando un chicle al piso. En el colegio de mis hijas los dispositivos electrónicos deben estar apagados y fuera de la vista. En muchas familias es importante dar los buenos días, saludar al llegar a un sitio y despedirse al salir. En una junta directiva de la que fui parte se esperaba que, si alguien llegaba tarde, no interrumpiera, y que entrara con el perfil más bajo posible. Hay reglas básicas de convivencia y trato, que, si son respetadas, marcan la diferencia en las relaciones entre líderes y colaboradores.

En su famoso *Manual de urbanidad y buenas maneras*, el autor Manuel Carreño habla del trato entre superiores e inferiores y dice:

> El hombre de sentimientos nobles y elevados es siempre modesto, generoso y afable con sus inferiores, y jamás deja de manifestarse agradecido a los homenajes de consideración y respeto que estos le tributan. Lejos de incurrir en la vileza de mortificarlos haciéndoles sentir su inferioridad, él estrecha la distancia que de ellos le separa, por medio de un trato franco y amistoso, que su prudencia sabe contener dentro de los límites, de su propia dignidad, pero que un fino tacto despoja de aquel aire de favor y protección de que se reviste el necio orgullo, cuando a su vez pretende obsequiar la inferioridad.[3]

En este mismo sentido de expresar amabilidad y respeto a todos, el apóstol Pedro exhorta a los líderes a quienes ha sido encargada la responsabilidad de cuidar y guiar a un contingente de personas,

---

3. Carreño, Manuel Antonio, *Manual de urbanidad y buenas costumbres* (Caracas, Venezuela: Libros El Nacional, 2001), p. 284.

a tratarlas sin ejercer señorío sobre ellas, sino más bien a vivir de forma ejemplar delante de ellas (1 Ped. 5:3). El mal trato a los empleados, seguidores o colaboradores no conviene. Demandar servicio de ellos no concuerda con la idea del servicio a ellos que nos demanda Jesús. El modelo bíblico de liderazgo de servicio comunicado por Jesús enseña que, mientras más personas están bajo la responsabilidad de un líder, más son las que recibirán su servicio, no al revés. El líder no está allí para que muchos lo sirvan, sino para servir a muchos. El ejemplo del líder al servir a la causa, a la gente de la causa y al Dios de la causa ha de proveer inspiración para todos.

Amabilidad extrema

La vida de Miguel Grau Seminario, conocido también como «el caballero de los mares», es un testimonio de alguien que fue consecuente con el amor a su país y a sus creencias, entregó su vida a cambio de salvaguardar la de sus compatriotas y, además, buscó ser congruente con sus convicciones. La carta del 2 de junio de 1979, que escribe Miguel Grau Seminario a la esposa de un comandante que estuvo a cargo de la nave Esmeralda de la armada chilena, la cual fue hundida por el Huáscar (nave comandada por Miguel Grau), dice:

> Un sagrado deber me autoriza a dirigirme a usted y siento profundamente que esta carta, por las luchas que va a rememorar, contribuya a aumentar el dolor que hoy, justamente, debe dominarla. En el combate naval del 21 próximo pasado, que tuvo lugar en las aguas de Iquique, entre las naves peruanas y chilenas, su digno y valeroso esposo, el Capitán de Fragata don Arturo Prat, Comandante de la «Esmeralda», fue, como usted no lo ignorará ya, víctima de su temerario arrojo en defensa y gloria de la bandera de su Patria. Deplorando

sinceramente tan infausto acontecimiento y acompañándola en su duelo, cumplo con el penoso deber de enviarle las, para usted, inestimables prendas que se encontraron en su poder y que son las que figuran en la lista adjunta. Ellas le servirán indudablemente de algún pequeño consuelo en medio de su gran desgracia, y para eso me he anticipado a remitírselas. Reiterándole mis sentimientos de condolencia, logro, señora, la oportunidad para ofrecerle mis servicios, consideraciones y respetos con que me suscribo de usted, señora, muy afectísimo seguro servidor.[4]

Es innegable que, en un período de guerra entre dos países, pueden emanar diferentes emociones y sentimientos en procura del beneficio de la población de cada uno de estos; sin embargo, es difícil no admirar la caballerosidad en la expresión de este comandante. Personificó el refrán popular que dice: «lo cortés no quita lo valiente», el cual enseña que la buena educación no se riñe con el carácter valiente y decidido. Es imprescindible buscar el bien común, reconociendo la humanidad mutua, sin dar la espalda a nuestros deberes.

Formas de trato

En el continuo que se presenta a continuación, es posible identificar el espectro de trato que puede recibir un empleado o un colaborador de parte del sistema organizacional en general o de sus líderes en específico. El mismo va desde un trato excelente hasta el maltrato, pasando por varias dimensiones intermedias.

---

4. «Miguel Grau: lee la conmovedora carta que le escribió a la viuda de su enemigo», *America TV*, 8 de octubre de 2015. https://www.americatv.com.pe/noticias /actualidad/la-conmovedora-carta-que-miguel-grau-escribio-la-viuda-de-arturo -prat-caido-en-el-combate-de-iquique-n119292

Empezamos por un excelente trato, donde los beneficios superan con creces las expectativas del colaborador, los estándares de la industria y lo que pareciera ser justo de acuerdo con el perfil de la persona. Luego está un trato que, si bien no es tan destacado, tiene ciertas bondades que lo diferencian de otras entidades, y permite tener algunos beneficios y agregar un cierto valor diferencial en comparación con otros sitios. A continuación, tenemos el trato justo. Es un trato que no impresiona, que no muestra injusticias pero tampoco se destaca por tener ningún valor agregado a las expectativas que pudiese tener el colaborador o seguidor. A partir de este momento, empieza el espectro negativo de este gráfico, cuando arribamos al sitial del abandono, que es cuando ciertas cosas que parecerían básicas empiezan a erosionarse poco a poco. Quizás en algún área específica, como la falta de reconocimiento, el vocabulario desalentador, etc. Luego, continúa hasta que el trato se convierte en un descuido. Es justo cuando la persona siente que no está recibiendo de ninguna manera las atenciones que podría recibir; se siente sola, desatendida, desmotivada, percibe una falta de comunicación; por consiguiente, una profunda falta de pertenencia. Por último, está la dimensión del maltrato, que es cuando no solamente hay cosas que el empleador o el líder dejan de hacer, sino cuando ya se cae en situaciones explícitamente negativas que afectan a la persona en forma directa. Puede ser en el ámbito espiritual, emocional e incluso físico.

En este espectro, es un tanto difícil identificar cuál es el límite a partir del cual se expresa o se incuba una cultura de honor, pero lo que sí es cierto es que, mientras más hacia el excelente trato pueda avanzar una organización, en mejor posición estará para crear dicha cultura. En muchas ocasiones, será un ejercicio progresivo, etapa a etapa, paso a paso, a través del cual la organización irá moviéndose hacia un trato de excelencia con las personas, entre las personas y desde las personas hacia los demás. Y una vez que la cultura haya alcanzado un alto nivel de excelencia en el trato hacia las personas y entre las personas, el gran reto implicará tanto la sostenibilidad en esa etapa como el abordaje de las personas con las nuevas necesidades que puedan surgir desde ahí. Es decir, una vez que las personas han salido de un estado de abandono, por ejemplo, y avanzan a un trato justo, eso les eleva no solamente la autoestima, sino que las alienta, las incita e invita a sostener esa situación; incluso las lleva a imaginar nuevas posibilidades. Es como cuando alguien estuvo en una relación amorosa en la cual la otra persona no le otorgaba un buen trato, pero no se dio cuenta sino hasta haber culminado esa relación e iniciado una con una persona que verdaderamente le daba la valía, el aprecio y el reconocimiento apropiados.

Creo que, a la larga, el nivel de éxito sostenido de cualquier iniciativa está conectado con el nivel de honra con el cual se inició y se opera. No se puede avanzar dejando heridos en el camino, deshonrando a quienes te han apoyado, desvirtuando a tus mentores, asfixiando a tus colaboradores, traicionando a tus proveedores, engañando a tus clientes, ignorando a la audiencia o siendo indiferente ante el público en general.

De los seguidores al líder

Los errores del liderazgo ponen a prueba el corazón de los seguidores.

—Augusto Sampedro

Es importante recordar que todo cristiano es un representante de Cristo en el medio donde trabaja. Es un embajador organizacional, y como tal, debe considerar el trabajo que hace para su jefe terrenal como un trabajo que está haciendo para el Señor.

No todos los jefes son buenos jefes; pueden ser personas dominantes y difíciles con quienes trabajar. Aun así, la Biblia nos instruye a respetarlos (1 Ped. 2:18-20). Por lo tanto, «quien se opone a la autoridad, a lo establecido por Dios resiste; y los que resisten, acarrean condenación para sí mismos» (Rom. 13:2). Esto significa que los cristianos debemos honrar a aquellos que Dios ha puesto sobre nosotros a través de nuestra obediencia y demostración de respeto. Hacer lo contrario es deshonrar a Dios.

No mostrar honra a quien la merece es entonces una forma de deshonra. Veamos la afirmación de Jesús con respecto a la respuesta de Su ciudad natal a Su ministerio. Él dijo: «No hay profeta sin honra sino en su propia tierra, y entre sus parientes, y en su casa» (Mar. 6:4). La palabra clave aquí es *honra*. Ellos no lo honraron. Y el asunto que se suscita aquí es cuando alguien merece honra, pero no le es dada.

Podemos elegir tratar a nuestros jefes con honor, incluso cuando no parezcan comportarse de manera honorable. Vale la pena preguntarse: ¿cuándo se justifica una ruptura de honra? ¿Hasta dónde se aguantan los atropellos de la autoridad? Es importante seguir las instrucciones de nuestros jefes, a menos que nos estén dando instrucciones a pecar. En este sentido, la autoridad de Dios es lo primero (Prov. 21:30; Hech. 5:29). Cuando surge una situación en la que nos vemos obligados a enfrentar o ir en contra de una decisión que consideramos incorrecta o carente de integridad, aun así, es importante hacerlo con humildad y respeto (1 Tim. 5:1).[5]

---

5. «¿Qué dice la Biblia sobre cómo un cristiano debe tratar a su jefe?», compellingtruth.org. https://www.compellingtruth.org/Espanol/jefe-cristiano.html

Intencionalidad

El trabajo de un cristiano en cualquier esfera ha de estar impregnado de esfuerzo, honestidad, proactividad y respeto. Siempre he pensado que la persona que quiere destacarse ha de recorrer una milla extra en todo lo que hace. En algunas culturas, esto de recorrer siempre millas extras puede verse como contraproducente, ya que el resto de los trabajadores pueden considerar que perjudica el nivel de esfuerzo que ellos dedican a su trabajo.

Siempre me he propuesto consultar con cierta frecuencia a cualquiera que sea mi jefe no solamente cómo estoy haciendo las cosas (así puedo obtener su retroalimentación a tiempo y puedo hacer los ajustes en el camino), sino también preguntar qué puedo hacer para ayudarlo a ser más exitoso. Y por eso espero lo mismo de aquellos que están bajo mi responsabilidad. Pienso que todo trabajador honra a su jefe al querer trabajar duro para agregarle valor.

No se trata de querer lucirse delante del jefe, sino de entender que nuestro rol es en gran medida ayudar a nuestros líderes a tener éxito, a cumplir con el objetivo y propósito de la organización. Si lo que hacemos no tiene conexión con eso, difícilmente crearemos una cultura de efectividad. Cuando una persona quiere llegar más temprano que todos e irse más tarde que los demás por hacer un esfuerzo para agregar valor a sus compañeros, a su jefe y a la organización, esto no solamente es loable, sino que también es indicativo de una persona diligente.

¿Dar consejos hacia arriba?

Uno de los mayores retos que experimenta un líder en ascenso es generar conversaciones significativas con líderes ya establecidos, de mayor experiencia o más larga trayectoria. El temor de ser impropio, de decir algo torpe, de no expresarse adecuadamente o de sencillamente errar al querer impresionarlo, todo eso es normal. Cuando una persona está empezando a escalar en responsabilidades de liderazgo en instituciones de cualquier índole, ha de aprender cómo funcionar de manera respetuosa y que otorgue honra a las personas que están por encima de ella.

Conversar con líderes no tiene por qué ser una experiencia traumática ni temerosa, si lo que se tiene en mente es producir honra en medio de ese contexto. En la medida en que los colaboradores o seguidores se acerquen a conversar con sus líderes y muestren siempre una disposición de respeto, reconocimiento y apreciación, de esta manera podrán abordar libremente tanto asuntos cotidianos y sencillos como situaciones más complejas y estratégicas.

Preguntas de honra

Aprendí que una forma de respetar, honrar y reconocer la experiencia, la edad y la trayectoria de personas a mi alrededor implica, entre otras cosas, no tratar de decirles lo que yo pienso, mis ideas de lo que hay que hacer, etc., sino más bien invitarlas a compartir las suyas. Invitarlas a compartir sus ideas, consideraciones, perspectivas y sugerencias es una forma de honrarlas, ya que reconoce que la opinión de ellas es de mucho valor. Y para eso, una de nuestras mejores aliadas son las preguntas.

Mi experiencia en juntas directivas en diversas organizaciones y a una edad relativamente temprana me hizo aprender y madurar en varios aspectos, sobre todo con personas de mayor edad, trayectoria y experiencia. En una de mis primeras experiencias, en una junta directiva con un grupo valioso de ejecutivos de diversas áreas empresariales y profesionales, me di cuenta de que no solamente era yo el más joven, sino que el que seguía después de mí me llevaba al menos quince años. Tengo que confesarles que, en los primeros días de gestión y en medio de algunas de las reuniones, me preguntaba qué hacía yo allí, si era un error, si era realmente un buen momento de mi vida para estar ahí. Muchas de estas preguntas me las hacía porque me daba cuenta de que, cuando daba mi opinión, la misma no era tomada tan en cuenta como me hubiese gustado.

Hasta que un día, decidí hacer una prueba y empecé a abordar de forma diferente mis contribuciones. Empecé a funcionar desde las preguntas. Es decir, en vez de decir lo que consideraba sobre el tema que se estaba tratando, invertía tiempo pensando: ¿qué preguntas puedo hacer que desaten el tipo de conversación que lleve a la junta a reflexionar y a decidir en la dirección de lo que estoy imaginando? Me empecé a dar cuenta del poder que tenía el hacer preguntas, ya que desataban discusiones entre los miembros de la junta directiva que ayudaban a tomar conciencia sobre asuntos cruciales, aun sin que yo hubiera emitido una opinión al respecto.

En muchas instancias, las discusiones llevaban exactamente adonde mi opinión quería llevar al grupo; otras no, pero de lo contrario, no habrían llegado ahí si yo solo hubiese emitido una opinión. Por ejemplo, si se estaba discutiendo sobre la conveniencia de realizar cierto tipo de evento y a mí me parecía que no convenía hacerlo (porque no se alineaba con los valores de la organización, implicaba un uso de recursos innecesarios o había algunos costos de oportunidad implícitos), tenía dos alternativas: decir todo eso o sencillamente formular una pregunta, como, por ejemplo: «¿Cómo consideran que este tipo de evento se alinea con los valores que estamos tratando de promover?». Eso, sin duda, presentaba mi perspectiva de fondo, pero de una manera respetuosa, abierta y con disposición a escuchar otras ideas y generar una discusión al respecto.

Si bien hacer preguntas no es la única forma de honrar a las personas mayores, de mayor trayectoria o en posiciones de liderazgo, es una excelente forma de mostrarse humilde, dispuesto a aprender y abierto a perspectivas que puedan ser distintas a las nuestras.

La asertividad

Todo liderazgo ha de aprender lo que significa gestionar con asertividad. La asertividad es la capacidad para expresarse en forma directa, abierta, sincera, transparente, espontánea y congruente. Respetándonos a nosotros mismos y respetando a otros. Cuando aprendemos a movernos con sabiduría en el espectro entre la agresividad y la pasividad, estamos funcionando con asertividad. Se trata de expresar y sostener nuestro punto de vista de la mejor manera, considerando nuestros derechos y nuestros deberes, respetando a los demás, pero siendo relevantes a la necesidad del momento.

El autor Daniel Gil'Adí, en su libro *Inteligencia emocional en la práctica*,[6] plasma ciertas dimensiones que ayudan a ver más claramente cómo activar la asertividad en la cotidianidad de las relaciones, sobre todo en el ámbito comunicacional. Las siguientes situaciones nos invitan a identificar qué tan cómodos o incómodos nos sentimos al intentar ser asertivos:

- Pedir ayuda.
- Presentar una opinión diferente.
- Recibir o expresar sentimientos negativos.
- Recibir o expresar sentimientos positivos.
- Manejar a alguien que se niega a cooperar.
- Hablar de algo que me molesta.
- Hablar cuando todo el mundo me observa.
- Protestar por una situación desagradable.
- Decir «no».
- Responder a una crítica inmerecida.
- Hacer peticiones a figuras de autoridad.

---

6. Gil'Adí, Daniel, y Adolfo Orozco, *Inteligencia emocional en práctica: Manual para el éxito personal y organizacional* (Caracas, Venezuela: McGraw-Hill, 2000).

- Negociar algo que deseo.
- Pedir cooperación.
- Proponer una idea.
- Hacerse cargo de una tarea o un grupo.
- Responder a los intentos de otros de hacerme sentir culpable.

La asertividad permite, en primer lugar, enfrentar nuestro miedo a expresarnos; y luego, nos habilita para hacerlo de la manera más efectiva y respetuosa posible. Provee beneficios en cualquier situación en el espectro interactivo, especialmente para plantear o afrontar situaciones importantes. La asertividad permite pararse firme y determinadamente ante alguna situación injusta, incómoda o importante, sin necesidad de ser desmedido en el trato a las personas involucradas. Una persona que actúa con asertividad es capaz de abogar desde sus convicciones y valores reconociendo a las demás personas. Un líder con asertividad actúa en función de sus valores.

Dios trata con los líderes

Muchas veces, pensamos que somos nosotros mismos los que tenemos que encargarnos de aquellas personas que no están actuando de acuerdo con el modelo idóneo o según los estándares bíblicos para la gestión y el liderazgo. Pero es importantísimo saber que nuestro rol es mantenernos fieles al Señor, encomendarle la situación y confiar que Él actuará. El Salmo 91 dice que Él es el altísimo, lo que significa que está por encima de toda creación y de toda circunstancia, que tiene un ángulo mejor, más completo y estratégico de las realidades.

Dios se encarga de tratar con las personas que no están ejerciendo su rol de manera adecuada. Este es un principio muy liberador, sobre todo para quienes funcionan en algún ecosistema organizacional y perciben que en el liderazgo hay deficiencias o situaciones desvirtuadas. La Palabra de Dios afirma que Él conoce la situación de los trabajadores, e incluso si alguna persona en liderazgo (sea este jefe, líder o gerente) está maltratando a los demás. Uno de estos pasajes bíblicos está en Santiago 5:4, donde dice: «Oigan cómo clama contra ustedes el salario no pagado a los obreros que trabajaron en sus campos. El clamor de esos trabajadores ha llegado a oídos del Señor de los Ejércitos» (NVI). Ellos tienen a alguien en los cielos que mira y actúa a su favor. Dios siempre ha estado a favor de los desfavorecidos, y ha prestado un especial cuidado al huérfano, la viuda, el extranjero y el pobre.

Pero ¿qué hacemos cuando las figuras de autoridad (sean padres o líderes) abusan de su autoridad? Tal vez incluso abusan de nosotros o de otros. Aunque no somos su juez, estas personas están bajo el justo trato de Dios. Pero, mientras mostramos respeto, también debemos protegernos a nosotros mismos o a los demás del abuso. Proteger a alguien del abuso implica honrarlo a él e incluso al abusador, con respeto y sin amargura. Una persona no debe continuar en el tipo de relación que permite o alienta un patrón de abuso. Especialmente los líderes espirituales han de trabajar para proteger a cualquier persona que esté siendo lastimada, e incluso llevar el caso a las autoridades, si es necesario.[7]

Todas estas circunstancias implican una condición de vulnerabilidad, y Dios promete estar disponible para atender a las circunstancias, al lidiar específica y directamente con el líder que está permitiendo o ejerciendo el maltrato a estas personas desfavorecidas.

Los que se quedaron en el desierto

En Éxodo 14:11-12, luego de que los israelitas habían sido liberados de Egipto, atacaron a Moisés con toda clase de improperios. No solo atacaron lo que él dijo y lo que hizo, sino también a él. Lo hicieron

---

7. *Africa Study Bible*, «Honour & Respect», Honor Shame, 12 de septiembre de 2017. https://honorshame.com/africa-study-bible-honour-respect/

cuando se vieron acorralados frente al Mar Rojo por el ejército egipcio que venía por ellos. Cuando un colectivo tiene miedo, es posible que ataque al líder con crítica. La nostalgia del pasado los embarga, la costumbre de la zona de confort emerge, prefieren la paz antes que el propósito («Déjanos en paz»), prefieren la esclavitud antes que la libertad, prefieran la muerte antes que la vida, prefieren Egipto antes que la tierra prometida. El miedo en Israel los hizo olvidar rápidamente los grandes prodigios que Dios había hecho para liberarlos. Es difícil pensar que incluso los hizo olvidar la promesa de la tierra prometida tan rápidamente.

Cuando un contingente de personas ve en su líder a un mero hombre, y no identifica ni respeta la autoridad que le ha sido entregada de parte de Dios, es posible que le respondan de una manera deshonrosa. Los israelitas no confiaron en Moisés; lo deshonraron. Dios no había terminado aún la liberación, pero para el pueblo de Israel ya la causa parecía perdida. Qué bueno es saber que Moisés no se lo tomó personal, que a pesar de los ataques y de las frustraciones, respondió como un gran hombre de Dios, con la fe de que Dios haría algo. Esa generación que salió libre de Egipto no pudo entrar en la tierra prometida. Murió en plena transición, en el desierto, en el lugar entre Egipto e Israel. Su desconfianza en lo que Dios haría por medio del líder designado (Moisés) fue determinante.

El asunto es que, en los espacios de deshonra, difícilmente suceden cosas buenas, la bendición de Dios no llega fácilmente. Y así como Dios trata con los líderes si no honran a quienes están bajo su cuidado, igualmente trata con quienes faltan el respeto a su líder. En Marcos 6:1-6 vemos que a Jesús no lo honró Su propia gente, aquellos que lo vieron crecer, y eso implicó que «no pudo hacer allí ningún milagro, salvo que sanó a unos pocos enfermos, poniendo sobre ellos las manos» (v. 5). Por su falta de honra, se perdieron la posibilidad de ver a Jesús actuar plenamente en medio de ellos.

Los que no figuran bajo autoridad, buscarán figurar fuera de ella. Es una lástima ver a una gran cantidad de colaboradores o seguidores que, por su condición de rebeldía, falta de sujeción o infidelidad a la autoridad delegada, no logran el despliegue de todo su potencial. Asimismo, es una lástima ver cómo líderes que no pudieron funcionar dentro de una institución intentaron crear de forma fallida proyectos alternativos.

Podemos entender que hay ocasiones en las que podría haber desacuerdos estratégicos que llevan a rumbos distintos, tal como lo ocurrido entre dos líderes de integridad, Pablo y Bernabé (Hech. 15:39). Sin embargo, uno de los más grandes riesgos es que presenten lo que se llama en psicología el «sesgo de confirmación», que es la tendencia a procesar información buscando o interpretando datos que sean consistentes con sus creencias. Este enfoque sesgado de la toma de decisiones es en gran parte involuntario y da como resultado que una persona ignore la información que es inconsistente con sus creencias. Es decir, los que no figuran bajo autoridad usualmente salen del sistema, lo critican y terminan juntándose con otros iguales o con quienes avalen sus ideas (creando un mal peor). Muchos incluso terminan huyendo de ciudad en ciudad, de comunidad en comunidad, en búsqueda de aprobación, haciendo de esto un círculo vicioso.

En una oportunidad, conocí a una persona que había sido un gran líder espiritual de una organización y que ya llevaba varios años desconectado y sin fructificar. Al conocerlo, me impresionó mucho su conocimiento de la Biblia, su perspectiva del ministerio y la robustez de su comunicación; pero también noté cómo criticaba con gran ligereza a otros líderes cristianos. Me preguntaba: ¿cómo es posible que esta persona que fue un gran líder ahora esté dedicado a una labor que no tiene nada que ver con el ministerio? Pronto supe que sus problemas con la autoridad en el pasado lo habían «neutralizado» y desactivado del ministerio. ¿Cuántas historias como esta tenemos a nuestro alrededor? ¿Cómo nos sentimos cuando vemos tanto potencial en desuso? Ojalá seamos movidos a prevenir que esto nos pase, y a restaurar a quienes han pasado por eso.

La rebeldía y la falta de funcionamiento bajo el amparo de Dios y Su Palabra a través de Sus instituciones establecidas tienen varios efectos, entre ellos:

- Limitan el desarrollo integral de la persona y del ecosistema en el que funciona.
- Tornan la actividad en estéril o infructífera; es decir, los proyectos e iniciativas se ven afectados o impedidos de avanzar.
- Restringen la operación del conocimiento; es decir, el mucho conocimiento no trae frutos y la erudición no se traduce en prácticas fructíferas.

Es importante resaltar que la obediencia está en el corazón del rendimiento (o *performance*). Actuar en consonancia con el llamado de Dios provee inspiración y capacidad; sin embargo, los resultados en el liderazgo son obra de Dios. El talento fuera del rango espiritual adecuado es una pérdida de energía y un desplante al Dador de ellos. La honra implica usar algo efectivamente dentro del propósito para el cual fue creado.

6

El buen trato

La sabiduría de Dios es necesaria para saber cómo tratar a todos los colaboradores o seguidores en general, y a cada uno en particular. En el campo de estudio del comportamiento organizacional, usualmente se enseña sobre estilos de liderazgo en un continuo que va desde un estilo autoritario, pasando por el democrático, hasta llegar a uno liberal o *laissez faire* (que en español sería «dejar hacer»). La sabiduría en este sentido se relaciona con la disposición de liberar el potencial de las personas, generar un ambiente más participativo y colaborativo y delegar con eficacia. Todo esto con la disposición de indagar, persuadir, inspirar, retar e incluso confrontar con gracia y verdad. El desafío es configurar un estilo flexible o situacional que concuerde con la necesidad del momento, y con el estado de aptitud y disposición de los seguidores.

Dar extrema confianza a los colaboradores, en algunas ocasiones, puede ser un acto clave y transformador, pero también puede causar estragos en la cultura si no se maneja correctamente. Se crea un problema similar al emplear misericordia cuando se requiere justicia, y viceversa. De igual manera, una expresión de gracia a un colaborador podría ser malentendida por otros y crear toda una situación conflictiva. Sin embargo, para todo líder creyente, el sabio y apropiado uso de la verdad y la gracia sigue siendo el recurso por excelencia para la transformación, para la creación de una cultura de honor.

Vale la pena preguntar: ¿he de tratar a todos mis empleados de la misma manera? ¿Hay ciertas obligaciones legales que pautan la dimensión del trato a los empleados? Ciertas legislaciones nacionales promueven o permiten hasta cierto punto la provisión de determinados beneficios de parte del patrono para los trabajadores (por ejemplo: un número máximo de meses de beneficios, etc.). Pero ¿qué tal si las leyes humanas han puesto un tope a la mentalidad humana? ¿Qué tal si los ecosistemas organizacionales han limitado la exploración de nuevas fronteras en el beneficio de estos? Por ejemplo, ¿merece igual trato un hombre que tiene diez hijos a uno que tiene solo dos? Sabemos que eso crea ciertas distorsiones en la percepción interna y externa de las personas vinculadas a la organización, y puede afectar la cohesión interna; sin embargo, en la medida que los líderes de las organizaciones sean intencionales en procurar beneficios y privilegios para todos, en esa misma medida estarán en un sitial de honor. Buscar el bien de los colaboradores es siempre parte del código de honor.

En el contexto organizacional actual, se han creado muchísimas complejidades por la reconfiguración del trabajo y el uso incorrecto de la justicia, la misericordia y la gracia. Hery Garofalo, gerente general de la empresa alimenticia venezolana FRITZ que opera en varios países del mundo, comenta que, en su empresa, se han esforzado por desarrollar iniciativas que llamaron Gracia, Misericordia y Justicia. Son parte de una serie de iniciativas orientadas a mejorar e impactar integralmente a cada una de las áreas vitales del desarrollo humano de los trabajadores de la empresa. Se trata de iniciativas de bienestar integral (alimenticias, bonificaciones, bienestar, salud, educación, familia, etc.) bien pensadas y distinguidas, en el sentido de que cada empleado las recibe según sea el caso, dentro o fuera de la zona de mérito, pero siempre dentro de la zona de bendición y de transformación.

La milla extra, una enseñanza ancestral sobre influencia genuina

Jesucristo habló de la importancia de recorrer la segunda milla. En Su época, estaba en vigencia una ley romana que había sido tomada de los persas (600 años antes de Cristo) que empoderaba a los soldados romanos a solicitar que cualquier ciudadano cargara por espacio máximo de una milla (no más) algún objeto solicitado. Tomando de Davis y Bright, a continuación, se contrasta la diferencia entre la primera milla y la milla extra; y más importante aún, lo que pueden implicar ambas para el que las transita.

La primera milla

- Representa la esclavitud.
- El que cumplía con el requerimiento de llevar la carga, lo hacía por obligación y legalismo.
- Es la milla del apego a lo establecido.
- Somos esclavos (no tenemos control, más bien, nos sometemos a él).
- Sirve para demostrar responsabilidad (hacer lo que se espera de mí).
- Es la vía más transitada (hay mucho tránsito o tráfico, se avanza lentamente).
- Es la milla de la obediencia.
- Es la milla que te prueba.

La milla extra

- Representa la libertad.
- El que decidía llevar la carga una milla más lo hacía por amor y con propósito.
- Es la milla del desarrollo del carácter (Jesucristo pedía ir por encima de los estándares esperados).

- Somos amos (tomamos el control).
- Sirve para demostrar compromiso (restaurar y sobrepasar las expectativas).
- Pagas las deudas y das de más.
- Es la autopista más vacía que existe (pocas personas la transitan).
- Es la milla de la oportunidad para testificar, manifestar aprecio y ayudar a cambiar paradigmas.
- Es la milla que acelera tu emoción, te pone una sonrisa en la cara y una canción en tu corazón.[1]

La milla extra y el buen samaritano

De la parábola del buen samaritano podemos sacar valiosas enseñanzas sobre lo que significa transitar la milla extra en el rescate de la dignidad de otros. En el Evangelio de Lucas (10:25-37), Jesús comparte la parábola del buen samaritano, quien se salió de su camino para atender a un completo desconocido, y dejó varias e interesantes lecciones de servicio, atención y generosidad a través de la hospitalidad. La hospitalidad ha de ser un asunto intencional, no ocurre por casualidad. La hospitalidad es transformativa, ya que le envía un poderoso mensaje al huésped: «Eres especial».

En primer lugar, es valioso resaltar cómo un hecho lamentable (v. 30) se convirtió en una oportunidad para el servicio: un hombre herido en medio del camino y la oportunidad de atenderlo. Las oportunidades de servicio surgen de la manera, en los momentos y en los lugares menos pensados; y solo los atentos y dispuestos las observan. Por donde pasamos diariamente hay oportunidades de servicio y de mostrar el amor de Dios. La pregunta es: ¿lo vemos o volteamos a otro lado intencionalmente? ¿Estamos atentos para ayudar a aquellos en condición de vulnerabilidad que han sido despojados (les falta

---

1. Bright, Bill, y Davis, James O., *Beyond all Limits: The Synergistic Church for a Planet in Crisis* (Orlando, FL: New Life, 2002).

algo), heridos (necesitan sanidad), abandonados (no tienen quién los ayude) o están medio muertos (con falta de salud)?

En segundo lugar (vv. 31-33), es valioso resaltar cómo el nivel de cercanía con las personas determina en gran medida el nivel de empatía que se mostrará. El sacerdote pasó por el camino, el levita se acercó al lugar, pero solo el samaritano se acercó al herido. El secreto es acercarse a las personas para ver más claramente sus necesidades y poder suplirlas. Si vamos por una autopista y vemos de lejos un accidente, quizás no nos conmueva igual si vemos todo desde el carro que si nos bajamos y llegamos a ver de cerca lo ocurrido, y más aún si vemos de cerca a la persona herida. El asunto es que la cercanía a las personas permite darse cuenta de sus necesidades.

Por último (vv. 34-36), ser movido a misericordia (compasión), no es solo compadecerse de alguien o de algo, ni siquiera tener la intención de ayudar; sino que implica acción. Es decir, se siente un impulso interno de parte de Dios que nos lleva a decidir y hacer algo para suplir la necesidad detectada. La gente generosa usualmente muestra actitud y acción generosas. Las personas hospitalarias planifican e invierten tiempo y esfuerzo para incrementar sus capacidades e infraestructura para atender con excelencia. Sería muy difícil pensar que al samaritano le aparecieran «por casualidad» en su bolso el aceite y el dinero con los que sanó y atendió al hombre herido; seguramente, tenía un esquema de aprovisionamiento intencional para ocasiones especiales.

En el samaritano, vemos que el que realmente sirve está dispuesto a ensuciarse, a poner a disposición de otros sus recursos más preciados (tiempo, influencia, activos y dinero), a sacrificar su comodidad personal, a buscar la mejor solución para la necesidad hasta asegurarse de que la persona esté bien.

En el contexto moderno, las personas hospitalarias se pueden reconocer ya que, por ejemplo, asignan presupuesto para atención de invitados, construyen un espacio para los huéspedes, incluyen en su agenda semanal tiempo para atender o recibir personas, configuran momentos de atención reconfortante o días de apoyo en algún proyecto especial para quien lo necesite, entre otras cosas. Aprovechan intencionalmente cada espacio y cada momento para ser de bendición a los demás a través de la hospitalidad.

En la década de 1990, el director ejecutivo de la línea aérea Scandinavian Airlines (SAS), Jan Carlson, habló de cincuenta millones de «momentos de verdad» que ocurrían anualmente cuando los empleados de la aerolínea tenían contacto directo con los clientes. Ellos trataban de aprovechar todos los puntos de contacto con los clientes. El Sr. Carlson comentó que la suma de esos momentos llegaba a representar el nivel de satisfacción que había convertido a la aerolínea en la número uno en Europa. Al capacitar a los empleados, llegaron a tener solo doce casos de excesos (abusos) por parte de los empleados en su trato con los clientes. En sus niveles de excelencia, tan solo aceptaban un radio de seis errores por cada 300 millones de experiencias positivas.[2]

Si bien la generosidad no ha de ser medida por el lujo o lo costoso de la atención, el esmero y la intencionalidad en servir a otros siempre traerán beneficios, se notarán y crearán un efecto transformador y multiplicador en el que lo recibe.

En una reflexión espiritual de Europartners, por Peter Briscoe, se cuenta una fantástica historia real de Richard, dueño de una gran empresa manufacturera, que permite ver un ejemplo palpable de lo que significa dar un trato tipo «milla extra» en el contexto empresarial. John, su gerente de planta, renunció. Richard estaba devastado; durante los últimos cinco años, había estado preparando a John para que se convirtiera en director general de la empresa. Richard no podía entender por qué John se iba. Le pagaba más que a cualquier otra persona de la empresa, pero nada lo hizo cambiar de opinión.

---

2. O'Toole, James, *Leading Change: The Argument for Values-Based Leadership* (Nueva York, NY: Ballantine Books, 1996).

Tres meses más tarde, se supo que John había abierto su propia empresa y copiado el producto más vendido de Richard. La empresa de John creció y se convirtió en el principal competidor de Richard. Más tarde, Richard se enteró de que había un problema de diseño en uno de los nuevos productos de John y que su empresa había sido demandada por negligencia. Richard había perdonado a John años atrás y oraba regularmente por él. Sintió que el Señor quería que se acercara a John, así que compró uno de sus productos, lo probó y descubrió el problema. Entonces, les dijo a sus ingenieros que encontraran la manera de arreglarlo. Después de hacer y probar las modificaciones necesarias, Richard llamó a John y le dijo cómo resolver su problema. John quedó agradecido a Dios por la generosidad de Richard.[3]

Otro ejemplo también valioso lo cuenta mi buen amigo Wouter Droppers, presidente de Europartners. Henk es un importante empresario de la construcción. Un contratista local de su ciudad natal quebró. Cuando, un día, Wouter visitó a Henk en su casa, vio que el contratista local salía de allí. Wouter cuenta: «Cuando le pregunté por ello, me dijo: "Bueno, lo ayudé con un préstamo para que volviera a empezar". Me sorprendí, y le pregunté: "¿Por qué ayudaste a tu competencia a reiniciar su empresa?". Henk respondió: "Dios puede darnos mucho más de lo que tú y yo podemos ganar juntos. Creo que tenía que hacerlo"».[4]

La regla de oro en la gestión

En el mundo empresarial y profesional es más común ver en acción la mentalidad de «ojo por ojo y diente por diente» que la regla de

---

3. Droppers, Wouter, «Biblical Entrepreneurship - a Source of Well-Being». https://www.bible.com/reading-plans/29494-biblical-entrepreneurship-a-source-of-well-being

4. *Ibid.*

oro. La regla de oro es aquella que nos dejó Jesús y que dice: «Haz a los demás todo lo que quieras que te hagan a ti» (Mat. 7:12, NTV) o, su implicación contraria: no les hagas a los demás lo que no te gustaría que te hicieran a ti. El asunto en la práctica empresarial sería preguntarse: ¿cómo te gustaría que te tratara algún cliente al que se le despachó más de lo debido o se le cobró menos de lo que correspondía? ¿Quisieras que te advirtieran sobre algún empleado que no está siendo leal? ¿Te gustaría enterarte de que alguno de tus trabajadores te está robando? ¿Cómo te gustaría que fuera la comunicación y el proceso de renuncia de un empleado?

Pero, realmente, todo esto se torna hacia la autorreflexión: ¿cómo trato yo a los clientes, proveedores y empleados? ¿Estoy reflejando un trato adecuado y de honra? ¿Es obvia la regla de oro en mi gestión profesional o empresarial? En una oportunidad, le dimos más tiempo del originalmente acordado a alguien para incorporarse a trabajar con nosotros. La razón era que en su otro sitio de trabajo aún no habían conseguido a alguien más para reemplazarlo, y su gestión era de suma trascendencia. En el momento, eso significaba dilatar nuestra urgente necesidad y satisfacer al otro empleador al seguir esperando a que consiguieran sustituto, o sencillamente presionar al empleado para que cumpliera con el acuerdo de incorporarse a trabajar inmediatamente con nosotros. Sin embargo, pensé: ¿cómo me gustaría que me trataran si algún trabajador mío se fuera a trabajar con alguien más? ¿Me gustaría que me avisaran con anticipación y me dieran el tiempo necesario para buscar su reemplazo? Claro que sí, y afortunadamente, así lo hicimos.

Los autores Bennis y Nanus relatan una historia de un joven ejecutivo de la empresa IBM, que permite ilustrar este enfoque que integra la milla extra y la regla de oro. El joven estaba participando de un proyecto de alto riesgo de la empresa y terminó perdiendo más de diez millones de dólares en la aventura. Fue un desastre. Cuando Watson, el gerente general de la empresa, llamó al nervioso joven ejecutivo a su oficina, el joven dijo: «Me imagino que me pedirá mi renuncia». Y Watson dijo: «Debes estar bromeando, acabamos de invertir diez millones de dólares en tu educación». Esto sentó un precedente al demostrar aprecio a la gente a través de acciones concretas de tolerancia, perdón, oportunidad y afirmación.[5]

Este es un asunto que va más allá de lo que puedan estipular las buenas prácticas organizacionales; es incluso un asunto de aprecio intencional, de convivencia esencial y de gentileza radical para con alguna persona o sistema empresarial. Y termina siendo transformativo. Así funciona la regla de oro. La manera en que trates sistemáticamente a los demás construirá la cultura en la que vivirás.[6]

Niveles de trato

Tiene que haber una diferencia en la forma en que tratamos a ciertas personas. No por discriminar, sino por los niveles de confianza y rango que tienen en nuestro corazón. Por ejemplo, el apóstol Pablo nos exhorta diciendo: «Así que, según tengamos oportunidad, hagamos bien a todos, y mayormente a los de la familia de la fe» (Gál. 6:10). La intención de tratar bien a todos ha de estar; sin embargo, hay momentos y ciertos contextos donde tiene sentido priorizar.

En una oportunidad, escuché al Dr. Adrián Rogers decir: «No trates igual a la mesonera del restaurante que a tu esposa. No puedes llamar "mi amor" a la mesonera si así es como llamas a tu esposa». Así creo que es más fácil ver la diferencia. Nuestro cónyuge es mucho más importante que las demás personas, por lo cual, la forma en que nos referimos en su presencia o ausencia ha de ser particular,

---

5. Bennis, W. y Nanus, B., *Leaders: Strategies for Taking Charge* (Nueva York, NY: Harper & Row Publishers, Inc., 1985).

6. Sampedro, Jesús, «La regla de oro en la gestión», Inspiración para Liderar, 17 de abril de 2018. http://inspiracionparaliderar.blogspot.com/2018/04/la-regla-de-oro-en-la-gestion.html

de mayor estima y reconocimiento que cualquier otra persona. Con nuestro cónyuge somos uno; no así con nuestros hijos, y mucho menos con cualquier persona con la que interactuemos en el banco, en la empresa, en la iglesia o en la calle. Si bien el llamado es a tratar bien a todas las personas, en lo comparativo, tiene sentido diferenciar en honra a ciertos individuos.

A los que más lo necesitan

Servir es honroso. Todo trabajo tiene implícita una valía indescriptible, pero es obvio que para los seres humanos hay algunos oficios que parecen tener más estima o ser más apreciados. El apóstol Pablo dice en 1 Corintios 12:23-24 que «a aquellos del cuerpo que nos parecen menos dignos, a estos vestimos más dignamente; y a los que en nosotros son menos decorosos, se tratan con más decoro. Porque los que en nosotros son más decorosos, no tienen necesidad; pero Dios ordenó el cuerpo, dando más abundante honor al que le faltaba». Esto requiere tomar consciencia del rol que otros juegan y su contribución en el objetivo total en el contexto organizacional, y sobre todo, estar atento a lo que en psicoterapia se llama lo «fenomenológico»; es decir, lo obvio que está frente a nosotros. Cuántas veces nos perdemos de reconocer cosas importantes que están delante de nuestros ojos porque no les prestamos atención, ya sea un gesto, una expresión facial, un comentario o cualquier señal. Es muy importante prestar atención a lo que está ocurriendo —a las emociones, a lo disonante, a lo que se repite, a las tomas de consciencia profundas, a las «obviedades» del momento— con el objetivo de comprender y poder dar una respuesta relevante a eso.

Singapur Airlines, desde sus inicios como una de las más reconocidas aerolíneas del mundo, entrenaba a sus aeromozas de primera clase para detectar gestos faciales o expresiones de potencial desagrado o disconformidad en los pasajeros. Si una persona tiene calor, seguramente hará algo que la delate, ya sea un intento de echarse aire en la cara, prender el conducto de aire acondicionado justo arriba de su asiento del avión, quitarse la chaqueta o el suéter que tenga puesto, o alguna otra cosa. La pregunta es: ¿están las aeromozas capacitadas para detectar esas señales y abordarlas con eficacia? Pues la idea es que sí. En nombre de la calidad del servicio, su formación las hace abordar atentamente a la persona e intentar proveer empatía, paliativos o soluciones. Es precisamente esa misma disposición de prestar atención para detectar lo obvio la que puede marcar la diferencia al servir al que más parece necesitarlo. El nuevo vecino, el nuevo estudiante de la clase, el familiar recién llegado, el inmigrante, alguien que se encuentra en una difícil situación económica, etc. Quizás haya otras personas que también requieran alguna atención, pero de seguro conviene abordar proactivamente a aquellas que más lo manifiestan y parecen necesitarlo.

Empleados, distribuidores y clientes

En el mundo organizacional, es muy común ver cómo las personas hablan de que los clientes son lo más importante de la organización. Sobre todo, en el contexto de mercadeo y atención al cliente. Hay organizaciones en las que se les dice a todos los empleados: «El cliente es el que paga tu salario». Sin embargo, el paradigma emergente ha sido que los empleados son más importantes que los clientes, ya que son los primeros los que se encargan de atender a los segundos. Otra forma de verlo es pensar que, aunque los clientes pueden tener mucho valor, ninguno podría estar siendo bien servido sin empleados capaces, satisfechos y comprometidos.

Recuerdo que en una clase de mercadeo de mi maestría en administración de empresas, el profesor, luego de un amplio análisis de un estudio de caso, luego de haber tenido diálogo y discusiones, logró llevarnos a la conclusión relevante de la importancia de atender con mucha dedicación a los distribuidores o representantes en el contexto comercial, incluso por encima del cliente final. Muchas organizaciones piensan que, como los distribuidores o aliados son entidades independientes, no son parte tan importante del ecosistema organizacional tanto como los clientes finales. Sin embargo, debemos recordar y hacernos la pregunta: ¿quiénes son las personas que verdaderamente mueven todo lo que hacemos? A ellas precisamos poner primero en honra. Esto no significa que vamos a olvidar o a desatender a los clientes; solamente que el énfasis debe estar en el orden correcto.

De igual manera, tuve la oportunidad de ser parte de una iniciativa de formación con una empresa trasnacional de venta de partes de automóviles que era nuestra clienta, y cuyo énfasis era diagnosticar cuáles eran las áreas de mejora de sus distribuidores a través de encuestas, instrumentos de medición y entrevistas, entre otras formas. La idea era confeccionar de forma personalizada iniciativas de formación que ayudaran a esos distribuidores a tener éxito en su gestión. Si ellos tenían éxito, toda la cadena del negocio tendría éxito.

¿A quién tengo enfrente y quién está de manera virtual?

Es importante enfatizar la diferencia que marca tener a una persona enfrente de nosotros y querer hacerla sentir que tiene toda nuestra atención, es decir, honrarla. Tuve la oportunidad de trabajar en una biblioteca por un tiempo, mientras cursaba mis estudios de maestría. Fue una experiencia fantástica en muchos sentidos, sobre todo porque pude conocer muchos detalles del funcionamiento tras bastidores de una biblioteca.

Yo estaba recién llegado a los Estados Unidos y aún estaba puliendo destrezas con el inglés como segunda lengua. En algunas ocasiones, me tocaba estar al frente de la atención al cliente; es decir, debía atender tanto a las personas que llegaban a solicitar información o a llevarse algún libro. El problema se presentaba cuando llegaba una persona caminando y, al mismo tiempo, yo tenía una llamada telefónica de alguien que solicitaba información. ¿A quién debía atender primero? ¿A quién le debía dar prioridad?

El criterio de atención al cliente era que la persona que tenemos enfrente ha de ser siempre la prioridad, a menos que haya una razón de mucho peso para no hacerlo. Sin duda, hay que buscar la manera de ser amable con todos, pero si alguien se tomó el tiempo para trasladarse hasta la universidad y estar frente a nosotros (a diferencia de alguien que solamente está llamando), tiene que haber una diferencia.

Atención plena

Cuán difícil es prestarles verdadera atención a las personas en el mundo en el que estamos viviendo. Es fácil llegar a un restaurante o un aeropuerto y ver que la gente está más conectada con personas que están en otro lado (a través de las redes sociales) que con las que tienen justo ahí enfrente. Cuando le damos prioridad a lo que ocurre en nuestro teléfono o artefactos electrónicos, estamos diciéndoles a las personas frente a nosotros que no son tan importantes como lo que está pasando en el teléfono o dispositivo electrónico.

Mi recomendación es sencilla: si estamos en una reunión y estamos esperando una llamada o atendiendo algo importante, podemos estar atentos a nuestro celular por alguna razón válida, pero es muy importante que se los comuniquemos a las personas que están ahí con nosotros de forma presencial. Por otro lado, precisamos hacer todo lo posible para hacerles sentir a las personas que están a nuestro alrededor que son la prioridad, que decidimos estar allí, que estamos presentes de manera intencional, que nuestra atención está puesta en el aquí y el ahora, y que todos nuestros sentidos están apuntando en la misma dirección. Sé que este planteamiento no es fácil, pero marca la diferencia y vale la pena desarrollarlo como un hábito en nuestra gestión cotidiana.

Presencia

En el mundo del *coaching* de liderazgo, existe una competencia que se llama presencia. El líder precisa aportar presencia real (no nominal) a la relación. La presencia como competencia es la capacidad del líder para estar con toda su energía y disposición para movilizar todos sus recursos internos (creatividad, enfoque, conocimiento, experiencia, talentos, etc.) y ponerlos al servicio del colaborador. Esa es una vía poderosa para lograr una conexión significativa y propiciar que ocurra una conversación transformadora.

Esto supone la capacidad del líder de estar pleno y en contacto consigo mismo, pero también con el colaborador y con todo lo que está pasando. Significa atender con intuición y curiosidad a lo significativo y lo que emerge en el momento (lo verbal y lo no verbal, lo obvio y lo subyacente, lo que se dice y lo que no se dice). Puede que alguien no esté diciendo que se siente mal, pero quizás su cara, su voz y su ánimo estén gritando que no está bien. Se trata de lo fenomenológico, y a eso hay que prestar atención.

Cuando estamos presentes, se notará mediante la manera de hablar, los gestos y la forma de focalizar la conversación y de hacer contacto con el interlocutor. Según la Federación Internacional de Coaching (ICF), estar presente es la habilidad de tener plena conciencia y presencia, y crear relaciones espontáneas, usando un estilo abierto, flexible y que demuestre seguridad y confianza.[7]

---

7. «ICF, the Gold Standard in Coaching: Read about ICF», International Coaching Federation, 9 de agosto de 2023. https://coachfederation.org/about

7

Aprecio corporativo

La inteligencia relacional produce beneficios en el contexto de la honra. Saber cómo tratar a una persona de la manera correcta, en el momento correcto y con la intención correcta se conjuga para un impacto positivo a la relación. Sobre todo, cuando la intención es hacer sentir apreciados o amados a los demás.

Agapao, la mínima expresión de aprecio

El Dr. Bruce Winston trae al contexto del liderazgo el amor *agapao,* definido como la manifestación esencial y práctica de aprecio ante cualquier situación de necesidad a nuestro alrededor. Mostrar aprecio deliberado por la gente es un valor esencial en el liderazgo. En su libro *Be a Leader for God's Sake* [Sé un líder para la gloria de Dios], Winston dice que el liderazgo empieza con el metavalor del amor (*agapao*), el cual forma un fundamento para el resto de los valores. Ese fundamento basado en el *agapao* (una de las palabras griegas para «amor») enciende el interés para un liderazgo real y moralmente relevante, y para una redefinición de la interacción entre el líder y sus seguidores.

Lejos de una connotación cursi, este liderazgo *agapao* se refiere a «hacer lo correcto, en el momento correcto y por la razón correcta».[1]

---

1. Winston, B., *Be a Leader for God's sake* (Oslo, Noruega: School of Leadership Studies, Regent University, 2002).

Es la expresión básica de afecto relacional, algo esencial que el mismo sentido común requiere de todo líder; es aquella deuda mínima de aprecio que tenemos como seres humanos. Este enfoque capta el sentido y la relevancia de un aprecio genuino aplicado a las interacciones diarias en el mundo profesional y de negocios, y redefine el abordaje relacional ante un sinfín de oportunidades para elevar el sentido de valía y desarrollar el sentido de pertenencia de un conglomerado laboral tan volátil y que tanto lo necesita. En cierta forma, *agapao* representa lo menos que una persona puede hacer por otra, con la idea de tornar una situación desesperanzadora en otra potencialmente transformadora.

Otro valioso ejemplo de un amor *agapao* expresado de forma práctica fue incubado desde una cárcel, en medio de una iniciativa que abrazó a un grupo de presos en una prisión de Estados Unidos llamada Hutchinson Correctional Facility, en el estado de Kansas.[2] Esta gente, que ha cometido los peores crímenes y que quizás nunca salga de la cárcel, fue parte de una hermosa historia de generosidad transformativa. Todo empezó cuando el empresario Peter Ochs decidió iniciar operaciones de una fábrica de manufactura de asientos para carros dentro de la prisión, con el objetivo de proveerles oportunidades a los presos. Imagina que, antes de esta iniciativa, en otros empleos carcelarios, un preso trabajaba en una prisión por unos sesenta centavos de dólar al día aproximadamente. Para realizar una llamada telefónica, cargaban dos dólares para la conexión y 1.29 dólares por minuto de la llamada, lo cual limitaba no solo la capacidad de generar dinero en consonancia con el costo de la vida afuera, sino también la capacidad para mantenerse comunicados con sus familias afuera.

Ahora, en esta empresa iniciada por Peter Ochs, eran capaces de ganar entre ochenta y cien dólares diarios. Permitirles ser capaces de

---

2. *Story of Transformation - Grander Vision*, Enterprise Stewardship. https://vimeo.com/356503513

usar sus talentos en algo productivo, ofrecerles un empleo competitivo y bien remunerado que les permitiera enviar algo de dinero a sus familias para ayudar con los estudios de los hijos o con los gastos de la casa ya de por sí son argumentos contundentes para traer dignidad a la vida de estas personas.

Pero eso no es todo. La organización invitó a los trabajadores (presos) a ser parte de un plan en el cual, por cada centavo que quisieran donar a una organización caritativa, la empresa se compromete a dar otro. El mismo Ochs menciona emocionado lo impactante que es verlos dar dinero mensualmente a fundaciones que ayudan a las familias de las víctimas de los crímenes que ellos cometieron. Quizás nunca puedan resarcir el daño que les causaron, ni devolverle la vida a alguien que asesinaron, pero verlos trabajar esforzadamente y aportar para al menos alivianar algunas de las consecuencias de sus hechos sin duda muestra un hermoso ciclo de valoración, de expresión mínima de aprecio. Sin duda, quisieran volver el tiempo atrás para cambiar el pasado, pero no pueden. Lo que sí han descubierto es que lo menos que pueden hacer es esto, y lo están haciendo, voluntariamente. Un gran ejemplo del *agapao* en práctica.

Ubuntu

La mayoría conoce las luchas físicas y emocionales de Sudáfrica durante el *apartheid*. Las historias de opresión, las palizas, el terror e incluso las muertes son innumerables. Cuando Mandela salió de prisión en 1990, contrariamente a lo esperado, llevó un mensaje de unidad y sanidad. La visión de Mandela era: «Por una nación de Sudáfrica sanada». Mandela quería *ubuntu*. *Ubuntu* es una ideología sudafricana que se centra en la comunidad o la humanidad hacia los demás. La idea prendió y se extendió por toda Sudáfrica. En 1993, Mandela fue galardonado con el Premio Nobel de la Paz. El 10 de mayo de 1994, asumió como el primer presidente estatal de Sudáfrica elegido democráticamente.[3]

Este paradigma posindustrial emergente de liderazgo ha ayudado a los sudafricanos a empezar a pensar en el liderazgo como algo llevado a cabo en comunidad en vez de a través de la actuación de un individuo privilegiado. La filosofía de *ubuntu* puede ser descrita como la capacidad, en la cultura africana, de expresar compasión, reciprocidad, dignidad, humanidad y mutualidad en el interés de construir y mantener comunidades de justicia y cuidado mutuo.[4]

Ubuntu es una forma nativa africana de vida comunal, y más que una forma de describir los valores africanos, se trata de una filosofía social profundamente arraigada en la cultura africana. Según Louw, la filosofía *ubuntu* sirve como el fundamento espiritual de las sociedades africanas. Es una visión unificada o cosmovisión preservada a través de la máxima zulú: «*umuntu ngumuntu ngabantu*», que significa: «una persona es una persona a través de otras personas».[5]

Según Krause, *ubuntu* significa «solidaridad grupal, compasión, respeto, dignidad humana y unidad colectiva». *Ubuntu* nos inspira a exponernos ante los demás, a encontrar la diferencia de su humanidad para informar y enriquecer la nuestra.[6] Entendido así, *umuntu*

3. Whitley, Sheila M., «From Dissension to Ubuntu», Epiphanies (blog), 9 de octubre de 2005. http://smwhitley.blogspot.com/2005/10/from-dissension-to-ubuntu.html

4. Bekker, Corne, «Ubuntu Leadership», Inner Resources for Leaders (blog), 27 de junio de 2007. http://innerresourcesforleaders.blogspot.com/2007/06/ubuntu-leadership.html

5. Louw, Dirk J., «Ubuntu: An African Assessment of the Religious Other», artículo inédito. University of the North. 15 de noviembre de 2007. http://www.bu.edu/wcp/Papers/Afri/AfriLouw.htm

6. Krause, L.; Powell, R., «Preparing school leaders in post-apartheid South Africa: a survey of leadership preferences of principals in Western Cape», investigación educativa. Journal of Leadership Studies, 2002.

ngumuntu ngabantu se traduce como: «ser humano es afirmar la propia humanidad reconociendo la humanidad de los demás en su infinita variedad de contenido y forma».[7]

Como señala Creff, Sindane enumeró una variedad de definiciones de *ubuntu*, que incluyen las características comunes de tratar a todas las personas con el respeto y la dignidad que merece la hermandad.[8] Diversos autores incluso han hecho comparaciones entre *ubuntu* y el liderazgo de servicio, tanto con el usualmente asociado con el modelo de Jesús como con el postulado teórico.

En el programa *Jason Carter Speaks Out*, se entrevistó al nieto del expresidente estadounidense y premio Nobel de la paz, Jimmy Carter, después de un período de dos años como voluntario del Cuerpo de Paz en el pequeño pueblo rural de Lochiel, en Mpumalanga. Hablando de sus experiencias de vivir en una de las comunidades más pobres de Sudáfrica, Carter dijo:

> No estoy seguro de qué los mantiene en marcha. Pero existe este sentido de comunidad llamado *ubuntu* [en el cual] claramente se basan como un reservorio de resiliencia y apoyo [...]. *Ubuntu* es la idea de que las personas funcionan fundamentalmente conectadas, en lugar de fundamentalmente aisladas. Esa es una diferencia drástica de la forma en que vemos las cosas en los Estados Unidos y en el mundo occidental en general [...]. No hay un sentido de lástima cuando alguien dice: «Mi familia no tiene suficiente para comer».

---

7. Van der Merwe, Willie L., 1996. «Philosophy and the multi-cultural context of (post)apartheid South Africa, Ethical perspectives» 3:2, 1-15. https://ethical -perspectives.be/pdf.php?ID=845
8. Creff, Karen, 2004. «Exploring Ubuntu and the African Renaissance: A Conceptual Study of Servant Leadership from an African Perspective», Regent University Servant Leadership Research Roundtable, agosto de 2004, Regent University, Virginia Beach, VA.

Todos en la comunidad simplemente encuentran algo de comida para ellos.[9]

La sabiduría de un líder inspirado en *ubuntu* exige inclusión, compasión y una atmósfera de pertenencia para cada individuo. Saber lo que se necesita para liderar es una cosa; hacerlo bien es otra. *Ubuntu* para ti: te veo. Te distingo. Te reconozco y me alegro mucho de que estés aquí. *Ubuntu*… al valorar a todos para que puedan dar lo mejor de sí mismos.[10]

Es interesante, entonces, considerar cómo el trato intencional y afectivo en la filosofía africana de *ubuntu* (desarrollo integrado continuo, respeto y dignidad, interconexiones) tiene algunos puntos en común con los valores bíblicos, que requieren que los miembros de un equipo estén armoniosamente unidos en propósito, empatía, amor fraternal, compasión y humildad.

Los lenguajes del aprecio en el liderazgo

El autor Gary Chapman habla de la importancia de entender y sintonizarse con cinco lenguajes del aprecio o las emociones, como herramienta clave de influencia relacional positiva. Los cinco lenguajes son: palabras de afirmación, tiempo de calidad, regalos, actos de servicio y toque físico. Esta forma de ver las expresiones afectivas puede facilitar y hacer más efectivo el intercambio en el universo comunicacional de cualquier contexto, sea este familiar, social u organizacional. En este sentido, es importante que todo líder logre un dominio personal y una difusión congruente de dichos lenguajes a lo largo y ancho de la organización.

---

9. Sindane, Jabu, 1994. *Ubuntu and nation building*, Pretoria: Ubuntu School of Philosophy.
10. Creff, «Exploring Ubuntu and the African Renaissance».

A través de estos lenguajes, una persona puede canalizar su percepción o manifestación de aprecio. Cada individuo puede reconocer todos, pero posee uno o dos lenguajes con mayor intensidad, es decir, que le hablan de manera más profunda a las emociones que el resto. Lo importante es que, cuando alguien se expresa en el lenguaje principal de la otra persona, se genera una apreciación favorable o atracción, ya que está satisfaciendo su necesidad básica de sentirse apreciado. Las relaciones pueden mejorar grandemente al dejar de expresarnos en «nuestro propio lenguaje», y ocurre un aprendizaje al hacerlo con regularidad en «el lenguaje de la otra persona». A continuación, se detallan brevemente los cinco lenguajes:

- **Primer lenguaje: palabras de afirmación.** Implica el uso de palabras que edifican, confirman y animan. Los elogios verbales y las palabras de aprecio representan poderosos comunicadores de las opiniones y los afectos. Cuando alguien recibe elogios, se dispone a retribuir la gentileza recibida.
- **Segundo lenguaje: tiempo de calidad.** Es cuando se le presta verdadera atención a alguien. Es pasar tiempo juntos, compartiendo, oyendo y participando de actividades significativas. Es comunicar a través de la presencia total que el interés y la atención son reales. En este sentido, la cantidad y la calidad de tiempo son importantes.
- **Tercer lenguaje: dar regalos.** Los regalos son evidencias visibles y tangibles de aprecio. Es importante comprender la naturaleza esencial de un regalo. La palabra griega *járis* significa «gracia o regalo inmerecido». De acuerdo con su verdadera naturaleza, un regalo no es algo que necesariamente merezca una persona; se da porque el dador desea expresar su aprecio, y punto. No hace falta que los regalos sean de gran valor monetario. Los regalos son símbolos visuales de aprecio, aceptación y reconocimiento, y crean la atmósfera necesaria para el intercambio de ideas y emociones.

- **Cuarto lenguaje: actos de servicio.** Para la persona cuyo lenguaje principal son los actos de servicio, las palabras realmente pueden estar vacías si no van acompañadas de este tipo de actos. La verdadera grandeza se expresa en el servicio, sobre todo, en actos cotidianos como, por ejemplo, cocinar, encargarse de alguna tarea de la otra persona, ayudar con alguna diligencia o arreglar algo que estaba dañado. Este lenguaje es dado y recibido libremente.

- **Quinto lenguaje: contacto físico.** El contacto físico, como gesto de aprecio, es una forma poderosa de comunicación. Este lenguaje precisa expresarse desde el respeto, la sensibilidad y la adecuación a la etapa de madurez relacional o al género de la persona (niño o adulto, mujer u hombre). Aunque este lenguaje precisa realizarse en el momento, la forma y el lugar oportunos, representa un excelente recurso de expresión comunicacional. Un buen abrazo, una palmadita de ánimo, entre otras cosas, pueden hacer una gran diferencia para personas que tengan este lenguaje como primario.

Proponte descubrir tu lenguaje primario y asegúrate de comunicarte en el primer lenguaje de tu receptor, no en el tuyo.[11]

Abordar a otros desde su perfil de personalidad y temperamento

En varias organizaciones, he visto que la etiqueta que identifica a cada empleado en la puerta de su oficina incluye su perfil de personalidad o de temperamento. La idea es que cada persona escriba su perfil de MBTI (Myer Briggs Type Inventory) en la puerta de su oficina junto a su nombre. El MBTI identifica dieciséis perfiles de personalidad.

---

11. Chapman, G. y White, P., *The 5 Languages of Appreciation in the Workplace* (Chicago, IL: Northfield Publishing, 2011).

Sin embargo, lo interesante de esta iniciativa es que les exige a las personas no solamente que conozcan su propio perfil a través de esta valiosa herramienta (o de cualquier otra que se usara) para conocerse y funcionar mejor desde su propio perfil, sino que también cada uno ha de ser diligente en interpretar el significado de los perfiles de personalidad de los demás y aprender a abordarlos con efectividad.

Por ejemplo, mi perfil es INTJ. Si voy a hablar con alguien que tiene un perfil diferente, como por ejemplo, ENFP, antes de entrar a su oficina o a la reunión, debo tener conciencia de las diferencias que hay entre mi perfil y el perfil de personalidad de esa persona. De esta manera, mi trato va a ser mejor, ya que no solo sabré cómo funcionar mejor ante este tipo de perfiles, sino también qué esperar de este tipo de perfil y cómo potenciar la interacción, reconociendo las virtudes y los defectos, mientras busco puntos de encuentro y de optimización de la relación. No se trata solo de que sepan cuál es mi perfil de personalidad; se trata más bien de tratar de congeniar de la mejor manera con el perfil de los demás.

Identificar valores

Alinear los valores de los colaboradores impacta positivamente sobre la cultura de la organización. La evidencia parece demostrar que no prestarles atención a tiempo y en la suficiente medida a los valores individuales de los colaboradores podría tener un efecto negativo en la efectividad de la organización. En este sentido, el mismo Kouzes dice: «los seres humanos nos comprometemos a una causa [...] y el compromiso viene de la gente que tiene claridad acerca de sus propios valores, no de los valores de la organización».[12]

En un estudio que realizaron Kouzes y Posner, descubrieron que tener claridad acerca de sus propios valores puede ser más importante

---

12. Kouzes, James M. y Barry Z. Posner, *The Leadership Challenge* (San Francisco, CA: Jossey-Bass, 2003).

aún, en cuanto a sus actitudes y ética laboral, que tener en claro los valores organizacionales solamente. Si bien es importante tener conciencia y abordar ambos sistemas de valores (individual y organizacional), parece que el primero ha de ser prioritario, y además ofrece un mejor y más amplio efecto en lo que se refiere a la efectividad integral. Los líderes no solo tienen un sistema de valores sólido, sino que ayudan a sus seguidores a descubrir y afianzar un sistema de valores personales de congruencia y en alineación con los propósitos de la organización para un resultado de vida integral.

Sensibilidad emocional

Otra forma de mostrar empatía y respeto, y de honrar a otras personas, es a través del reconocimiento y la adecuada gestión de las emociones reinantes. Reconocer las emociones en las demás personas es el primer paso para poder gestionarnos ante ellas. Por eso, es sumamente importante que todo líder aprenda a interpretar las emociones de las demás personas, y que obtenga recursos y mecanismos para lidiar efectivamente con ellas.

La inteligencia emocional nos otorga una serie de herramientas muy valiosas en esta dimensión. A través de ella, aprendemos a conocer mejor nuestras propias emociones para saber administrarlas y también aprendemos a interpretar y a gestionar las emociones que reconocemos en los demás. Cuando un líder se esfuerza de forma genuina en potenciar la interacción a través de la comprensión emocional, está automáticamente diciéndoles a las demás personas lo importantes que son nuestras emociones y el valioso lugar que ocupan en nuestra realidad como seres humanos.

Nunca dejes atrás a tu compañero

Una forma de honrar a otros es esperándolos, no dejándolos atrás; caminando en sintonía y sincronía con ellos. Cuando un padre espera a sus hijos, cuando un líder otorga tiempo extra a un empleado para entregar un informe, cuando un esposo decide cambiar el nivel de expectativa en algún área con su esposa, cuando alguien se dedica a atender a alguien que tuvo una caída (física, emocional o espiritual), eso también es honrar a otros. Es importante identificar que, ya sea por diseño, circunstancia, condición o preferencia, cada persona tiene un ritmo al que se mueve y al que logra las cosas.

Normalmente, en el contexto del liderazgo, es frecuente ver a líderes que quieren hacer las cosas de una manera, a cierta velocidad y con determinados estándares de calidad. En el camino a lograr dichos estándares, sin darse cuenta, muchas veces hieren a las personas involucradas o complican el flujo de la gestión. Cada persona es un ser único y con condiciones cambiantes de vida, y ha de ser comprendida y tratada de acuerdo con eso. Cada personalidad y temperamento funciona de una manera diferente; el sistema de valores es distinto, la forma en que las personas aprenden es muy distinta, las capacidades que una persona posee para realizar ciertas funciones pueden también ser distintas. Y más aún, las razones (motivación) por las que una persona anhela realizar algo son distintas. Incluso el estado anímico, físico, espiritual y emocional de una persona puede variar de un día para otro, de una semana a otra o sencillamente puede tener algo que la preocupe y le impida funcionar con la naturalidad de siempre.

En el libro de Nehemías, podemos ver cómo el rey Artajerjes notó que su siervo Nehemías no estaba bien, no tenía el mismo semblante de siempre ni se había reportado enfermo (Neh. 2:1-2). Tenía algo en su estado de ánimo diferente a lo de todos los días y el rey lo notó, y lo abordó. Artajerjes fue sensible a las emociones reinantes y detuvo el tiempo a través de una pregunta para saber qué le pasaba a Nehemías. En mi caso, esto de esperar a los demás es un ejercicio diario. Caminar junto a otros implica ser intencional en detenerme a considerarlos y a actuar en consecuencia.

En la película *A prueba de fuego*, el gran mensaje, tomado del contexto de los bomberos y aplicado a las relaciones matrimoniales, es: «nunca dejes atrás a tu compañero». Los bomberos son entrenados a estar dispuestos a sacrificarse por sus compañeros si es necesario, sobre todo, si están en una situación de riesgo o rescate y alguno de sus compañeros corre peligro. Ante la situación de voltear a buscarlo o salir rápido para salvarse, la indicación es volver a buscarlo. Particularmente en este contexto, es muy importante recordar el valor de la otra persona y el lugar que ha de otorgarse en el diario caminar.

La película *Cuando éramos soldados* recrea otra interesante anécdota acerca de la importancia en el liderazgo de no dejar atrás a los miembros del equipo. La película interpreta una interesante historia durante la Guerra de Vietnam, y está llena de escenas inspiradoras y conmovedoras, pero es particularmente interesante explorar el discurso que da el Coronel «Hal» Moore al dirigirse a la séptima caballería justo antes de salir a pelear.

Mira a tu alrededor. En la séptima caballería tenemos un capitán de Ucrania. Otro de Puerto Rico. Tenemos japoneses, chinos, negros, hispanos, indios cheroquis, judíos y gentiles, todos estadounidenses. Ahora, aquí en los Estados Unidos, algunos hombres en esta unidad pueden experimentar discriminación por motivos de raza o credo. Pero para ti y para mí ahora, todo eso ya no existe. Estamos avanzando hacia el «valle de sombra de muerte», donde cuidarás la espalda del hombre a tu lado, como él cuidará la tuya. Y no te importará de qué color es o con qué nombre llama a Dios.

Dicen que nos vamos de nuestro hogar. Vamos a lo que siempre se suponía que fuese nuestro hogar. Así que entendamos la situación. Vamos a la batalla contra un enemigo duro y decidido. No puedo prometerles que los traeré vivos a todos a casa. Pero esto lo juro ante ustedes y ante el Dios todopoderoso: que cuando entremos en batalla, seré el primero en pisar el campo, y seré el último en salir. Y no dejaré a nadie atrás.

Vivos o muertos, todos volveremos a casa juntos. Así que, ayúdame, Dios.

Ese discurso es uno de los aspectos más destacados de la película. Diversas fuentes afirman que gran parte del discurso se representa con precisión. De cualquier manera, es conmovedor cómo Mel Gibson (quien interpreta al coronel «Hal» Moore) lo transmite con intensidad. Luego, en la película, es posible ver cómo cumple su promesa de ir al frente y salir último del campo de batalla, aun en medio de las circunstancias más intensas y duras.

Jacob ajusta su velocidad

En los capítulos 32 y 33 del libro de Génesis se presenta una maravillosa historia de reencuentro entre dos hermanos, Jacob y Esaú, que habían estado separados por años. Vale la pena resaltar un aspecto particular de Jacob en torno al cambio de carácter que experimentó y su nueva capacidad de acompasar y acompañar a otros. Jacob había emprendido el viaje para reencontrarse con su hermano después de muchos años sin verlo, y particularmente luego de haberle hecho algo nada grato: le había robado la primogenitura. A pesar del temor y la incertidumbre de cómo lo encontraría y de si sería bien recibido o no, emprendió el camino. Antes de llegar, envió mensajeros para tantear el panorama emocional y la intención de su hermano antes del encuentro, y estos le dijeron que su hermano había salido a recibirlo. Una vez que se encontraron a mitad de camino, hicieron las paces.

Luego, en Génesis 33:12-14, Esaú le dice a Jacob que irá delante de él, mostrando y marcando el camino, pero Jacob le dice algo importante y que vale la pena resaltar. Le pide a Esaú que vaya adelante, porque él tenía que ir «poco a poco al paso del ganado que va delante de mí, y al paso de los niños». Jacob, cuyo nombre significa «tramposo», y cuya trayectoria había hecho honor a su nombre al querer siempre sacar ventaja en todo, mostró una distinta disposición a no dejar atrás a los suyos. Aunque él quizás quería ir más rápido para acelerar la celebración del encuentro con su hermano, e incluso tenía la capacidad para hacerlo, decidió esperar. Había aprendido a conocer el estado de su ganado y a tomar consciencia de las capacidades de su familia. No quería sobresaturarlos de velocidad al andar, para que no quedaran exhaustos. Estaba en consonancia con lo que dice Proverbios 27:23: «Sé diligente en conocer el estado de tus ovejas, y mira con cuidado por tus rebaños». Una persona que está dispuesta a caminar a otro ritmo (sea más rápido, o más lento) por beneficiar a otros, es una persona sensible y que funciona en el contexto de un código de honor.

Entre la salida de Jacob en pos de su hermano en el capítulo 32 y el encuentro en el capítulo 33, ocurre una batalla que transformó a Jacob. El Jacob atorado o tramposo ahora se convirtió en el Jacob «sensible». Un encuentro personal con Dios que transformó su carácter fue lo que activó la sensibilidad en él con respecto a los que estaban a su alrededor. Se dio cuenta de que él no era lo más importante, y puso a los demás por encima de él. Entendió que su mejor versión estaba en funcionar acoplando ritmos con quienes iban a su lado. La Biblia (Gál. 6:1) invita a que el más espiritual salga de su zona de confort para abordar al que está en una condición desfavorable, para levantar su sentido de valía.

Me pregunto: ¿cuántos líderes van desmedidamente a su propio ritmo, sin importarles los demás? ¿Cuántos esposos van impetuosamente a lograr su éxito profesional y dejan atrás a sus esposas e hijos? ¿Cuántas personas han salido heridas de alguna relación por maltratos asociados a la intolerancia?

El elemento compensador es el carácter

El carácter es una especie de sumatoria de los elementos que conforman a un individuo, que lo identifican, lo distinguen y le permiten afrontar los retos de la vida. El autor Os Guinness comenta que la formación espiritual y el carácter están relacionados, ya que define la formación espiritual como el proceso por medio del cual al espíritu o la voluntad humanos se les proporciona una forma definida, o carácter.[13]

En el libro *El carácter: Factor clave para la gestión del líder,* que escribí junto al Dr. Arana, comentamos que la evidencia apunta hacia concebir el carácter como algo más asociado al dominio propio que al ímpetu volátil, y es posible visualizarlo a través de una excelente metáfora asociada a la distinción entre temperamento y carácter. Esta metáfora implica imaginarse a un caballo en su estado salvaje (brioso e indómito) como el temperamento, y a un hábil jinete o domador (capaz de controlar y dirigir al caballo) como el carácter. Si bien el temperamento es uno de los factores constituyentes con mayor peso e influencia en la personalidad (y representa la resultante de la combinación de rasgos congénitos —heredados— que afectan el alma en forma subconsciente), el carácter, al ser desarrollado, está por encima del temperamento. Un carácter (jinete) que logra desarrollar su fortaleza tiene la capacidad de dominar, someter, controlar, guiar, emancipar y dirigir apropiadamente al temperamento (caballo). El temperamento consigue desbordar sus bríos cuando encuentra un carácter pobremente establecido o desarrollado.[14]

Según Os Guinness, el carácter en los líderes es importante por dos razones: externamente, provee el punto de confianza que conecta

---

13. Guinness, Os, *When No One Sees: The Importance of Character in an Age of Image* (Colorado Springs, CO: NavPress, 2007).

14. Sampedro, Jesús, y Arana, Arnoldo, *El carácter: Factor clave para la gestión del líder* (Valencia, España: Global Leadership Consulting, 2013).

a los líderes con sus seguidores; e internamente, el carácter sirve en parte como un mecanismo para medir o mantener la orientación adecuada; dándole al líder una fuente profunda para mantenerse incólume en su búsqueda de aquel bien que sabe que debe procurar; y en parte, como un freno, ya que le provee al líder una fuente poderosa de restricción de cosas no deseables. Entonces, el carácter es el elemento que distingue y habilita a una persona a tomar determinada acción, dirección y ritmo al que ha de ir.

Cuando un líder asimila el amor *agapao*, ensambla un sistema para la convivencia y se esfuerza por entender mejor a las otras personas en cuanto a valores, personalidad, emocionalidad y ritmo, está honrando a los demás y está haciéndoles saber que le interesa funcionar siendo relevante a la forma en que están configurados internamente.

8

Interacciones creativas y de valor

Las interacciones y negociaciones normalmente se dan en el plano de obtener valor o de crear valor. Es interesante también verlas funcionar desde ciertas perspectivas prácticas y creativas que permitan honrar a los demás en medio de los difíciles intercambios cotidianos, tal como se presentan a continuación:

Reconocimiento público y reprensión privada

Existe una gran sabiduría en las palabras atribuidas a Leonardo DaVinci: «A tu amigo alábalo en público, y repréndelo en privado». Parece que muchos hemos cometido el error de hacer exactamente lo contrario; es decir, de seguro hemos reprendido a nuestros amigos en público y los hemos alabado en privado. Lo cierto es que es importante tener presente ambas cosas. En el liderazgo, es necesario hablar de todo, lo bueno y lo malo, lo que está funcionando y lo que no está funcionando, lo que nos gusta y lo que no nos gusta, los productos que se están vendiendo y los que no se están vendiendo, las tendencias incómodas del mercado y las que nos favorecen, etc.

El asunto, como en toda comunicación, no es solamente lo que se dice sino cómo se dice, el contexto en el que se dice y la motivación con que se dice. Si bien el sabio rey Salomón decía que «Mejor es la reprensión franca que el amor encubierto» (Prov. 27:5, NBLA), eso no significa que la reprensión tenga que ser hiriente y dañina. Más bien, ha de ser esperanzadora y restauradora, con el objetivo de que la persona que quizás esté en una situación o en una acción equivocada quiera salir a buscar soluciones como consecuencia de la interacción con el líder. Esa reprensión puede ser en privado, tratando de no difamar a la persona y expresar con sinceridad y claridad aspectos clave para la mejoría.

Por otro lado, ojalá pudiésemos ser expertos en dejar siempre bien paradas a las personas ante los demás. Esto de hablar bien de otros requiere intencionalidad y que desarrollemos un nuevo vocabulario, una nueva mentalidad conversacional. En este sentido, muchos estudios han revelado que el ser humano tiene más palabras de crítica que de halago disponibles para los demás.

«La gente conoce más palabras de emociones negativas que palabras positivas o neutrales. La proporción de palabras fue 50 % negativas, 30 % positivas y 20 % neutrales», dice Schrauf. «La explicación cognitiva es que procesamos las emociones negativas y positivas en dos canales».

En un informe de una edición reciente del *Journal of Multilingual and Multicultural Development* [Revista del desarrollo multilingüe y multicultural], los investigadores explican que las emociones positivas se procesan de forma esquemática. La gente no presta mucha atención a la valoración de las emociones positivas. En general, las emociones positivas indican que las cosas están bien, por lo cual las procesamos de manera más superficial. Las emociones negativas indican que algo anda mal y, por lo tanto, provocan una ralentización en el procesamiento. Requieren más atención y detalle en el pensamiento y, en consecuencia, más palabras.

Las emociones negativas requieren un pensamiento más detallado, distinciones más sutiles», dice Schrauf. «Así que requieren más nombres».[1]

Por eso es importante hacer el ejercicio intencional de inventariar aquellas cosas que representan aspectos positivos de algo, y saber que no nos vendrán tan naturalmente como las negativas. Es por eso valioso atender a lo que nos sugiere el apóstol Pablo, al decir: «Por lo demás, hermanos, todo lo que es verdadero, todo lo honesto, todo lo justo, todo lo puro, todo lo amable, todo lo que es de buen nombre; si hay virtud alguna, si algo digno de alabanza, en esto pensad» (Fil. 4:8). Es una invitación a ser intencional; parece entonces que no nos sale tan fácil.

Solo haría falta proponernos a identificar todas aquellas áreas de atributos, logros, potencialidades, actitudes e iniciativas que tienen las personas a nuestro alrededor y que vale la pena reconocer de forma pública, creativa y continua. ¿Qué tal si hacemos un ejercicio? Coloquemos en una hoja en blanco dos hileras: a la izquierda, las cosas buenas que tenemos para decir de alguien, y a la derecha, las cosas mejorables que tenemos que decir de esa persona. Una vez que tengamos eso, hagamos el esfuerzo de hablarlo de forma sensible y apropiada con la persona: los elogios públicamente, y las correcciones en privado. Veamos qué pasa, y si nos gustan los resultados, entonces hagámoslo un hábito.

Reconocimiento y respeto por las ideas

Una de las razones por las que muchos líderes no reciben ayuda de sus colaboradores es que, en ocasiones anteriores, cuando a algún

---

1. Messer, Andrea, «Linguistics May Be Clue to Emotions, according to Penn State Research», Penn State University, 20 de enero de 2005. https://www.psu.edu /news/research/story/linguistics-may-be-clue-emotions-according-penn-state -research/#:~:text=%22Cross%20culturally%2C%20it%20appears%20that ,fewer%20words%2C%22%20says%20Schrauf

colaborador se le ocurrió compartir alguna idea, la misma fue aniquilada en el momento. Ese colaborador se dice para sus adentros: «¿Para qué voy a compartir más ideas si van a ser aniquiladas?». Pero resulta que el liderazgo está hecho de la resolución continua y colaborativa de problemas. Ningún líder tiene respuestas para todas las incertidumbres, y por eso ha de crear un ambiente en el que se invite a las personas a aportar ideas, se toleren las ideas divergentes y se acompañen con un método de perfeccionamiento.

Es imposible crear una cultura de innovación sin tolerancia a los errores, a las ideas divergentes y a la exploración de escenarios incómodos. Cuando un líder abre espacio para que los demás opinen y muestra respeto por las ideas de los demás, en esa misma medida está mostrando respeto y honor a las personas de las que vienen las ideas. Tal vez el líder no esté de acuerdo con todo lo planteado, pero de igual manera puede agradecer y reconocer el valor de las ideas. La disposición de compartir las ideas cuenta, la valentía de compartirlas cuenta, la forma adecuada de compartirlas cuenta, y el aporte de ideas en sí cuenta mucho.

Una de las habilidades finas a desarrollar en esta área es evitar los juicios de valor. Es importante recordar que nuestro lenguaje corporal siempre acompaña a nuestras percepciones, prejuicios y cosmovisiones. Sin darnos cuenta, nuestro cuerpo es un espejo de nuestros pensamientos y emociones. Normalmente, nuestra cara y cuerpo (a través de sus gestos, poses y movimientos) emitirán gritos a las demás personas sobre lo que opinamos con respecto a ellas y sus ideas. La mayoría de los estudios identifican al menos treinta músculos en la cara, los cuales acompañan la expresión interna y emiten un mensaje al receptor. Por eso es importante tener conciencia de lo que expresamos, y darnos cuenta de que lo estamos comunicando a través de nuestra cara y nuestro cuerpo.

Un valioso ejercicio que he podido facilitar en diversos contextos organizacionales, para ayudar a equipos en la toma de decisiones estratégicas, se llama tormenta de ideas. No se trata solamente de compartir ideas, sino de crear todo un contexto metodológico de apertura, de reconocimiento y de avance de ideas que acompaña la intención de escuchar a las personas. Si bien no todas las ideas tendrán la misma posibilidad de fructificar, todas han de apreciarse y ser reconocidas como tal.

Tomar notas y el seguimiento de lo acordado

En la mayoría de las organizaciones destacadas en las que hemos hecho consultoría por temas de liderazgo, hemos notado que sus equipos gerenciales «toman nota»; es decir, han labrado un sistema de escribir todo durante las reuniones o fuera de ellas. Toman nota de los detalles, escriben los acuerdos, agendan fechas, identifican quién será responsable de qué, etc. Todo queda por escrito y fácilmente ubicable. Esto no solo permite dejar un registro de lo acordado, sino que también facilita el poder darse cuenta de asuntos significativos y hacer un seguimiento de los acuerdos.

Si bien hay diversos métodos recomendables para llevar una agenda o tomar notas para cada persona u organización, lo importante es configurar un sistema que funcione. La efectividad es un subproducto del seguimiento a los detalles de los acuerdos, tanto los estratégicos como los tácticos. Cuando en un ecosistema organizacional la gente se acostumbra a tomar nota, normalmente abona el terreno para honrar los acuerdos, y eso es un predictor de la efectividad.

La política de «no sorpresas»

Qué beneficioso es acordar una política en la que se disminuyan al máximo las sorpresas. Esto requiere que la gente sepa hablar adecuadamente y a tiempo sobre asuntos importantes. De esta manera, aun un despido viene en forma honrosa. Los líderes son quienes crean el ambiente de confianza organizacional en el que las sorpresas relacionales se disminuyen casi a cero.

La confiabilidad construida en la gestión individual del líder deriva en confianza relacional, lo cual, a su vez, impacta sobre el ambiente organizacional. ¿A qué líder le gusta que, de repente, de un colaborador muy valioso, salgan estas palabras: «Jefe, tengo que hablar con usted» (y que esto implique la decisión de su salida inesperada de la organización)? Probablemente, a ninguno. O cuando llegan momentos de verdad en forma inesperada y llevan a desenlaces no deseados que van desde descubrir mentiras hasta desmantelar estafas, pasando por confabulaciones, deslealtades competitivas, alianzas no oficiales, alteraciones fraudulentas de procesos, robos de materiales o productos de la organización, encubrimiento de corrupción, incumplimiento de regulaciones y relaciones ilícitas, entre otros. El líder ha de crear un ambiente tal que la gente sepa qué esperar de él, y qué se espera de ella. Para esto es importante funcionar con transparencia, proactividad y sinceridad.

Para evitar las sorpresas entre los miembros de un equipo de trabajo, es importante:

1. Generar la mayor claridad posible sobre los elementos y acuerdos mutuos que hacen que una relación, un espectro de gestión, un cargo, una función, un proyecto, etc. sean exitosos. El trabajo del líder es crear un contexto habilitante y de claridad en cuanto a expectativas, reglas del juego (por ej., la filosofía de trabajo, criterios de trato mutuo y tiempos de entrega), indicadores de medición y resultados esperados, entre otros. Mientras mayor claridad exista desde el inicio en la gestión, las personas podrán moverse con mayor confianza, a mayor velocidad, y en la dirección correcta al cumplimiento de su propósito y función dentro de la organización. Cuando hay claridad relacional, aun un despido es congruente; mientras que, cuando no hay claridad relacional, cualquier contratación puede ser incongruente.

2. Acoplar procesos hacia la congruencia; es decir, que logren alinearse la planificación con el seguimiento y la celebración de los logros obtenidos. La efectiva capacidad de ejecución de los colaboradores suele guardar relación con el seguimiento por parte de los líderes hasta que las ideas se conviertan en realidad.

3. Expresar los descontentos o las dudas a tiempo. Mucha gente espera demasiado para comunicar oportunidades de mejora o incomodidades, e incluso expresar dudas, abriendo así la puerta para que las inquietudes pequeñas crezcan al no ser atendidas y terminen convirtiéndose en grandes problemas. Esta expresión ha de ser de forma adecuada, con un sentido de respeto y honestidad, pero a la vez, con agradecimiento y cautela.

Una relación de respeto mutuo implica conocer y estar a la altura de las expectativas que las demás personas y la organización tienen de su gestión y comportamiento, aun cuando esas personas no estén. El compromiso es de ambos lados: de los colaboradores hacia los líderes y de los líderes hacia los colaboradores. Un liderazgo sin sorpresas surge de un ambiente empoderante donde hay confianza, proactividad, transparencia, sinceridad, respeto y responsabilidad.

Negociaciones que agregan valor

Es importante cocrear opciones de mutuo beneficio, ampliar los horizontes, no quedarse con una única solución. Sé creativo. Considera múltiples opciones. En este sentido, es importante primero inventar, y luego evaluar. Separa la invención de la decisión, realiza una tormenta de ideas. Separa la generación de ideas de la crítica de las mismas, para que las interacciones y las negociaciones levanten cada vez más el valor mutuo.

Durante años, la Escuela de Negocios de Harvard ha difundido un modelo basado en una serie de principios que pueden guiar las

negociaciones hacia un espacio colaborativo y mutuamente beneficioso. El modelo se apoya en cuatro pilares, de entre los cuales a
continuación se refieren dos, por su relación con el aspecto humano
de las negociaciones:

Separa a las personas de los problemas

Es importante recordar que estamos aquí para abordar/atacar al
problema, no a las personas. Las personas son valiosas, y aunque
tengamos diferentes opiniones o formas de resolver los problemas,
la idea es resolver juntos una situación. Cuando nuestro enfoque
empieza a atacar a la otra persona (es decir, cuando personifica-
mos el problema), en ese momento perdemos la posibilidad de
resolver los problemas. Para esto es importante manejar nuestras
emociones y revisar nuestras percepciones. Es crucial no confun-
dir la relación con el problema. La relación debe permanecer aun
después del proceso de negociación. No personalices en tu forma
de hablar. Refiérete al problema, porque el problema está separado
de la persona.

Concéntrate en los intereses, no en las posiciones

Es necesario evitar negociar con base en las posiciones. Ese es un
camino muy escabroso. Por el contrario, necesitas negociar según
los intereses de ambos. Las posiciones son las cosas concretas que
deseas, tales como plazos, condiciones y los recursos involucrados.
Mientras que los intereses son las motivaciones intangibles que te
llevan a asumir una posición, tales como necesidades, preocupaciones, deseos o temores.

Para lograr una negociación efectiva, se requiere descifrar tanto
los intereses propios como los de la otra persona. Recuerda la consideración de William Ury al respecto, al decir que el problema que
uno enfrenta en las negociaciones (para manejar el conflicto) no es

solamente el difícil comportamiento de la otra parte, sino la reacción de uno mismo.[2]

Herramientas para la creación de valor en las negociaciones

Los autores Bazerman y Moore han comprobado cómo sus estudiantes del MBA (maestría en administración de negocios) se han enfocado en oportunidades de ganar valor, no de crearlo.[3] La idea debería ser cómo crear un pastel más grande en vez de competir por los pedazos del pastel existente. Lo importante es probar ideas que de antemano intenten crear un mayor valor para todos, no solo para nosotros.

Los mismos autores plantean seis estrategias para recolectar la información del otro bando en una negociación que permiten crear valor, y al ser abordadas en conjunto (aunque no toda estrategia funciona en toda circunstancia), pueden incrementar colectivamente las posibilidades de crear el pastel más grande posible. La lista comienza con estrategias que funcionan mejor cuando confías en la otra parte. A medida que se avanza en la lista, llegamos a estrategias que ayudan a crear valor incluso cuando la relación con la otra parte sea competitiva o incluso hostil.

1) **Genera confianza y comparte información.** La manera más fácil para que las partes creen valor es que los dos oponentes compartan información entre sí sobre sus preferencias; específicamente, el valor o la ponderación que les dan a los diferentes temas. Una vez que esta información sale a la luz,

---

2. Fisher, Roger, Ury, William, y Patton, Bruce, *Getting to Yes* (Nueva York, NY: Penguin Putnam, 2006).

3. Bazerman, Max H., Moore, Don A., *Judgment in Managerial Decision Making*, (Estados Unidos: John Wiley & Sons, 2013), p. 185.

las partes pueden maximizar el beneficio conjunto. Tiene que haber confianza, y para eso necesitamos ser dignos de confianza primero. Los negociadores racionales mantienen y fortalecen las relaciones con los demás incluso cuando no hay una razón económica o política obvia para hacerlo.

2) **Haz preguntas.** La mayoría de las personas tienden a ver la negociación principalmente como una oportunidad para influir en la otra parte. Como resultado, la mayoría de nosotros hablamos más de lo que escuchamos. Incluso cuando el otro está hablando, nos concentramos en lo que vamos a decir a continuación en lugar de escuchar nueva información. Este proceso de persuasión es la base de la mayoría de las capacitaciones de ventas y ayuda a la otra parte a recopilar información sobre ti. Sin embargo, en la negociación, tu objetivo debe ser comprender los intereses de la otra parte lo mejor posible. Hacer preguntas aumenta la probabilidad de aprender información crítica que te permitirá encontrar operaciones inteligentes. Hay preguntas importantes que es mucho más probable que respondan. Por ejemplo:

- ¿Cómo vas a utilizar nuestros productos?
- ¿Qué haría un proveedor ideal para que sus productos sean atractivos para ustedes?
- ¿Cómo podemos hacer que nuestra oferta sea mejor que la de nuestro competidor?

Con demasiada frecuencia, los negociadores no hacen tales preguntas porque están demasiado ocupados tratando de persuadir a la otra parte de que sus productos y servicios son maravillosos. Hacer preguntas y escuchar activamente son las claves para recopilar nueva información importante del otro lado. Antes de comenzar a negociar, evalúa la información que necesitas de la otra parte y luego haz las preguntas necesarias para recopilar esta información.

3) **Revela información estratégicamente.** Revela información de importancia comparativamente menor que se centre en las operaciones que estás dispuesto a realizar. El objetivo es compartir información de forma incremental, de ida y vuelta. El consejo de dar información a menudo sorprende a las personas porque suponen que, si dan información, están regalando su poder. Ambas partes se benefician cuando aprenden sobre los diferentes niveles de preocupación entre los problemas. Uno de los beneficios de divulgar información estratégicamente es que puede permitirles a ti y a la otra parte expandir el pastel de resultados. Si son inteligentes, se basarán en tu información para ayudar a crear intercambios de beneficio mutuo. Un beneficio adicional es que los comportamientos en la negociación a menudo son recíprocos. Cuando le gritas a la gente, tienden a devolverte el grito. Cuando te disculpas por un error u ofensa, ellos pueden hacer lo mismo. Y cuando les brindes alguna información sobre tu posición, es posible que te devuelvan alguna información relevante sobre ellos. Esta reciprocidad puede crear el intercambio de información necesario para alcanzar acuerdos de beneficio mutuo.

4) **Negocia múltiples problemas simultáneamente.** Considera lo que sucede cuando llegas a un acuerdo sobre un tema antes de saber cómo se resolverán los otros temas. Si te esforzaste mucho y obtuviste lo que querías en un tema, es posible que dejes tan poco beneficio para la otra parte que esta se vuelva inflexible en todo lo demás, y todo el trato se desmorone. Por el contrario, cuando las personas negocian problemas simultáneamente, pueden encontrar intercambios favorables que crean valor en todos los problemas. Si bien el comprador y

el vendedor pueden estar en conflicto en cada tema, no son igualmente apasionados por cada tema. La importancia relativa de cada tema para cada parte solo se hace evidente cuando los temas se discuten simultáneamente.

Puedes hablar sobre diferentes temas de a uno a la vez, e incluso discutir posibles acuerdos tentativos. Pero cuando llega el momento de hablar sobre los resultados reales, debes considerar paquetes de temas: acuerdos que cubran todos los temas de la negociación y que comuniquen tu resultado preferido en todos. Las ofertas de paquetes ayudan a la otra parte a aislar los aspectos de la oferta que son particularmente problemáticos y proponen contraofertas que señalan flexibilidad en algunos temas mientras hacen demandas en otros.

Los autores expresan que sus estudiantes del MBA a menudo nos preguntan qué deben decir cuando un posible empleador les pide que especifiquen un requisito de salario mínimo. Nuestro consejo es decir la verdad: la respuesta a esa pregunta depende de muchas cosas, incluido el bono por firmar, el bono anual, el paquete de beneficios del trabajo, el tipo de asignación del trabajo, el título del trabajo, las perspectivas de promoción y más. Es imposible especificar un salario mínimo aceptable sin conocer los demás detalles de la oferta. Por las mismas razones, es un error negociar un acuerdo sobre el tema del salario antes de pasar a discutir otros temas relacionados con el trabajo. Después de todo, si tu nuevo empleador está dispuesto a ofrecerte una bonificación anual garantizada de al menos un millón de dólares, es posible que estés dispuesto a trabajar el resto del año sin recibir ningún salario. Una vez más, nada está resuelto hasta que todo está resuelto.

5) **Haz varias ofertas simultáneamente.** La idea de hacer ofertas de paquetes múltiples en simultáneo también te permite funcionar como un negociador flexible. Brindar diversas opciones

indica que estás dispuesto a adaptarte y que estás interesado en comprender las preferencias y las necesidades de la otra parte.

6) **Busca acuerdos posteriores al acuerdo.** Los negociadores sabios continúan buscando formas de aumentar el tamaño del pastel incluso después de que se haya llegado a un acuerdo. Después de firmar un contrato, considera preguntarle a la otra parte si estaría dispuesta a revisar el acuerdo nuevamente para ver si se puede mejorar. Este proceso ofrece un último intento, con un riesgo limitado para cualquiera de las partes, para garantizar que se haya encontrado un acuerdo eficiente y que sea mutuamente satisfactorio.

9

LA LEY DEL CORAZÓN AGRADECIDO

El agradecimiento es la memoria del corazón.

—LAO-TSE

Richard y Ruth-Anne Gilbertson fueron misioneros canadienses en mi natal Venezuela. Entré en contacto con ellos en un momento crucial en mi vida, cuando ni mis estudios universitarios, ni mis relaciones ni mis proyectos estaban funcionando bien del todo. Mi fe estaba apenas floreciendo con pies propios, y ellos abrieron en su casa un espacio en el que cada semana, una veintena de jóvenes podíamos ir a confraternizar y a aprender de la Palabra de Dios para enfrentar los retos de la juventud. Cada vez que los recuerdo o veo sus rostros en redes sociales, siento un profundo agradecimiento. En diversos momentos, les he escrito agradeciéndoles, bendiciéndolos. Uso su ejemplo como testimonio de una familia que salió de su zona de confort (Canadá) para ir a hablar un idioma nuevo y tuvo una contundente demostración de amor, aceptación e intencionalidad, tal es así que solo al pensar en ellos mi corazón se llena de agradecimiento a Dios por sus vidas.

Esto concuerda con el resultado bíblico de la generosidad, cuando alguien ha hecho o dado algo de sus recursos (tiempo, relaciones, influencia o dinero) por otra persona, con plena conciencia de su significado en el reino de Dios. El apóstol Pablo, en 2 Corintios 9:6-15, invita a la iglesia de Corinto a participar de una ofrenda para cubrir las necesidades de los santos en Jerusalén, los cuales estaban atravesando una situación de necesidad. Llama la atención que les comenta que sus ofrendas producirán acciones de gracias (v. 12) y oraciones (v. 14) por ellos. Es decir, cuando alguien muestra generosidad hacia otros, está abonando el terreno para que esas personas que la reciben agradezcan y oren en favor del que fue generoso. Es natural pensar que alguien quiera honrar de vuelta a quien fue generoso y de bendición en su vida. Es muy difícil conseguir a alguien agradecido que no honre a otros.

Una forma de honrar a las personas u organizaciones que nos han bendecido es mostrándoles nuestro agradecimiento por lo que hicieron. Si contáramos la cantidad de personas y organizaciones que han impactado o influenciado nuestra vida, nos sorprenderíamos al ver la cantidad que hay. Pensemos tan solo en familiares, profesores, mentores, amigos, vecinos, compañeros de trabajo, entre otros. Y todos los que ni siquiera sabemos. Seguramente, no podremos expresarles a todas las personas nuestro agradecimiento; pero es importante ser intencionales cuando sí podamos hacerlo. Te pregunto: ¿cuántas personas u organizaciones te han impactado positivamente? ¿Se los has hecho saber? ¿Has manifestado aprecio de alguna manera?

En una ocasión, me encontraba en Dallas, Texas, con mi familia en un viaje multipropósito en el que tenía algunos compromisos de conferencias, unos días de vacaciones y visitas a amigos. Justo el día antes de tomar un avión de vuelta a Venezuela, recordé que mi papá había iniciado su caminar en la fe en una iglesia en un sitio muy cercano de Arlington, Texas. A última hora de la tarde, tomé la decisión de manejar unos treinta minutos hasta esa iglesia que no conocía, con la cual no tenía ningún contacto y ni siquiera sabía si iba a estar abierta en el momento en que yo llegara. Pero lo que había en mi corazón era sencillamente ir a decirles: «Gracias». Ellos habían sembrado en mi padre la fe que luego fue traspasada a mí y de la que estoy tan agradecido.

No tenían ni la menor idea quién era yo. Cuando llegué, me atendió la recepcionista amablemente, y le dije: «Estoy aquí sin saber con quién hablar, pero quiero contarles una historia de agradecimiento a la iglesia que seguramente van a apreciar y que les va a dar mucha alegría». Inmediatamente, pude hablar con dos de los líderes de esa iglesia y les conté que hacía muchos años, en la década de 1970, una persona de esa iglesia le habló en la Universidad de Texas en Arlington a un joven de Venezuela que estudiaba ingeniería civil. Con el tiempo, ese joven volvió a su país, y allá se desarrolló, y hoy en día es un líder espiritual, es pastor en una iglesia. Ese joven es mi papá, y como él fue quien me habló del maravilloso amor de Jesús, sentí las inmensas ganas de ir y darles las gracias por lo que sembraron tantos años atrás.

La disciplina del agradecimiento

Una cosa es sentir agradecimiento y otra es desarrollar la disciplina de expresar agradecimiento a las personas que han bendecido tu vida. Aunque seguramente he dejado a muchas personas afuera, he intentado ser explícito, descriptivo e intencional con las personas a quienes estoy agradecido.

Una vez, me acerqué al Dr. Adrian Rogers en una conferencia para agradecerle por años de fidelidad en su actividad, y por sus mensajes y conferencias que me han edificado tanto. Otra vez, recuerdo haberme acercado al Dr. Alberto Mottesi en un evento para agradecerle algo que quizás él no recordaría, ya que ocurrió muchos años atrás. En una ocasión, él me recomendó ante la Universidad Regent, en Virginia, en la cual finalmente terminé cursando mis estudios de maestría y doctorado. En otro momento, me acerqué también al Dr. John Maxwell, en una conferencia en la ciudad de Orlando, para agradecerle, ya que durante mi tiempo de pregrado en la universidad dos de sus libros fueron de mucha inspiración a mi corazón para ir en pos de una vida de aprendizaje y enseñanza en temas de liderazgo.

En todas estas ocasiones, pude haberles hablado de mí, pude haberles dicho lo que estoy haciendo, cómo Dios ha sido bueno conmigo, pude haber intentado hablarles de alguna iniciativa de alianza. Pero lo único que hice fue darles las gracias. Quizás ellos no tenían ni la menor idea de lo que habían significado sus vidas para la mía. Pero para mí, lo menos que podía hacer era agradecerles. Una cosa es sentirse profundamente agradecido, otra es tener la disposición de agradecer, y otra es tener el hábito y la determinación de manifestar el agradecimiento en cada oportunidad en la que nuestro corazón sea lleno con eso. Es una disciplina del corazón, y una piedra angular en la creación de una cultura de honor.

La medida del agradecimiento

El agradecimiento ha de ser proporcional a la comprensión de lo recibido. Es decir, agradezco según entiendo. Lo primero que tiene que pasar es reconocer el peso o la dimensión de lo que alguien nos dio o hizo por nosotros. Agradecer es entonces un asunto de conciencia y perspectiva, no tanto de preferencia y sentimiento. En una oportunidad, escuché la historia de un hombre que, al llegar a un hospital, empezó a dar gritos de agradecimiento por el dolor tan fuerte de apendicitis que tenía. Todos le preguntaban: «¿Por qué grita en agradecimiento?», ya que no parecía tener sentido. A lo cual él respondió: «¡Porque sin este dolor de apendicitis, la peritonitis hubiese sido eminentemente devastadora! Gracias a Dios por este dolor que indicó que algo pasaba, y que previno que me ocurriera algo peor».

Es importante entonces tomar conciencia y agradecer a quien lo merece, según la dimensión y en la correspondiente medida. No es lo mismo agradecer a alguien que te regala una bebida fría para refrescarte en un día caluroso, que a quien te dé solo un sorbo de agua en un día frío. Tampoco es lo mismo agradecer a quien se arriesgó por ti en una situación de peligro, al que dedicó años de su vida a enseñarte y a cuidarte, o al que te devolvió un lápiz que se te cayó. Recuerdo que, en una oportunidad, me encontré una billetera con toda la documentación de una persona. Pude devolverla y la persona me agradeció por el gesto, pero sobre todo por lo que significaba. No tendría que ir nuevamente a solicitar todos los documentos que tenía en su cartera, que eran muchos.

Quiero contar una poderosa historia de agradecimiento que compartió Bob Tiede, un apasionado por el desarrollo de líderes y con el que he estado en contacto en los últimos años. Él narra una maravillosa historia de cómo su salida de un trabajo de muchos años se convirtió en una oportunidad para agradecer y bendecir, y de cómo puede serlo para nosotros también.

En octubre de 2003, después de 24 años, dejé mi rol con Josh McDowell. Inmediatamente, comencé a preguntarme: ¿qué podría darle a Josh para expresar mi agradecimiento por veinticuatro años de colaboración en el ministerio? No tenía absolutamente ninguna pista. Lo único que sentí fue que probablemente no era algo que pudiera recoger en el centro comercial.

Cuatro días después, estaba desayunando con un buen amigo. Mientras le contaba los acontecimientos de la semana, me hizo una pregunta: «Bob, trabajaste con Josh McDowell durante veinticuatro años. ¿Qué aprendiste de él?».

Inmediatamente, comencé a compartir cosas que había aprendido. Después de mencionar cinco o seis cosas, mi amigo preguntó: «¿Tienes esto escrito?». «No», fue mi respuesta. Luego, preguntó: «¿Por qué no?». Inmediatamente, respondí: «¡Nadie me había hecho esta pregunta antes!». Él dijo: «¡Bob, tienes que escribir esto!». Luego, después de una pausa pensativa, exclamó: «¿Y sabes qué más? Una vez que hayas hecho tu lista, debes compartirla con Josh... ¡bendecirá su corazón!».

¡BINGO! ¡Eso fue todo! Al instante, supe que este era el regalo que quería darle a Josh.

Durante los dos meses siguientes, agregué diariamente a mi lista. Mi objetivo era crear un pequeño folleto que pudiera imprimir con copias para Josh, su esposa Dottie, sus cuatro hijos y nuestros cuatro hijos, todo para colocar debajo de sus árboles de Navidad y los nuestros el 25 de diciembre de 2003. Para el 19 de diciembre, mi lista tenía 62 cosas, y era hora de ir a la imprenta, si quería tenerlo listo para la mañana de Navidad.

Alrededor del mediodía del día de Navidad de 2003, recibí una llamada telefónica de Josh: «Bob, no sé de dónde se te ocurrió esta idea, ¡pero este es el mejor regalo que he recibido!». Luego, puso a Dottie al teléfono, quien dijo: «¡Bob Tiede, estoy enojada contigo!». Le dije: «Dottie, es Navidad, ¡no deberías enojarte con nadie en Navidad!». Ella replicó: «Y tampoco deberías tener que llorar el día de Navidad, pero durante la última media hora, mis ojos se llenaron de lágrimas mientras leía "Sesenta y dos cosas". ¡Bob, este es un regalo increíble! ¡Muchas gracias!».

Más tarde, mientras reflexionaba sobre esta experiencia, me di cuenta de que, si bien este hombre dio un regalo, también recibió un gran regalo a cambio: ¡el regalo de terminar bien!

¿Cuántas veces te has alejado de una relación laboral y te has dicho: *Eso no terminó tan bien como me hubiera gustado*, pero no tenías idea de qué podrías haber hecho exactamente para «terminar bien»?

Desde ese día en 2003, cuando mi amigo me hizo esa gran pregunta, cada vez que alguien dice que está a punto de cambiar de trabajo (voluntaria o involuntariamente), pregunto:

«¿Qué aprendiste de tu supervisor?». Después de que comparten algunas cosas, les pregunto: «¿Tienes estas cosas escritas?». Hasta la fecha, «¡No!» ha sido la respuesta de todos. Luego, los animo a hacer su lista y, cuando hayan terminado, a enviársela a su supervisor anterior, como una forma de «terminar bien».

No hace falta que tu lista sea «¡Sesenta y dos cosas!». ¡Podría ser tan breve como dos o tres cosas que aprendiste de ellos y que te servirán bien por el resto de tu vida! Además, nunca es demasiado tarde para enviar ese regalo. ¿Cuántos supervisores has tenido hasta la fecha? ¿Te imaginas cómo se sentirían si recibieran una breve carta tuya agradeciéndoles el privilegio de trabajar con ellos y luego compartiendo dos o tres cosas que aprendiste y que te siguen sirviendo hoy? ¿Cuántas cartas como esta crees que han recibido alguna vez?

Un pensamiento más: «el mundo es pequeño» y «la vida es larga». Muchas veces, cuando los de «veintitantos» dejan su primer trabajo, pueden pensar: «¡Buen viaje! ¡Me alegro de no volver a ver a esas personas!». Dos años más tarde, deciden mudarse de su segundo trabajo y cuando entran a la sala de entrevistas para lo que esperan que sea su tercer trabajo, ¿adivinen quién está sentado allí? Tienes toda la razón: ¡su supervisor de su primer trabajo! Ahora, ¿qué diferencia crees que haría si, dos años antes, esa persona le hubiera enviado al supervisor una nota agradeciéndole por dos o tres cosas que aprendió de él? Exactamente: ¡la oferta de trabajo estaría casi garantizada![1]

1. Tiede, Bob, «Would You like to Know the Story Behind "Sixty-Two Things I've Learned from Josh McDowell?"», Leading with Questions (blog), agosto de 2012. https://leadingwithquestions.com/interviewing/would-you-like-to-know-the-story-behind-sixty-two-things-ive-learned-from-josh-mcdowell/

Agradecimiento personalizado

El agradecimiento debe ser personalizado. Cada persona tiene una forma de expresar y de procesar el agradecimiento. En una oportunidad, tomamos la iniciativa en nuestra empresa de proveerle a cada trabajador un reconocimiento o un obsequio especial por su labor. No tenía nada que ver con su rendimiento, no era un bono ni un incentivo. Era sencillamente un obsequio de agradecimiento.

Sin mucha consulta, decidimos obsequiarles a todas las personas unas entradas al cine para ver alguna película de su preferencia junto con su familia. Aunque esta idea pueda sonar fantástica en un momento, nos dimos cuenta de que una persona no se sintió tan entusiasmada con la idea. Enseguida comencé a conversar con ella, y me di cuenta de que, ni para ella ni para su familia, ir al cine era algo significativo. A pesar de que esta persona fue muy receptiva y amable al recibir el obsequio, esta reacción me hizo pensar profundamente al respecto, y me pregunté: ¿Qué hubiese pasado si, en vez de darles unos tiques para el cine, les hubiésemos preguntado cuáles son algunas alternativas de cosas que a ellos le gustaría recibir? De esa manera, habríamos podido entregar un obsequio mucho más relevante y personalizado, más acorde con las preferencias de cada persona.

Es posible, entonces, que en algunas ocasiones la intención no sea suficiente. También es importante estar en sintonía con la forma en que la persona procesará de la mejor manera la manifestación de agradecimiento y honra. Lo que es honra para unos puede que no lo sea para otros.

El agradecimiento se expresa, se retribuye o se comparte con otros

En una oportunidad, el líder de una organización se percató de un error que cometió su secretaria al reservar los detalles de un viaje.

Este error les costó una suma relativamente pequeña de dinero, pero creó una buena cantidad de incomodidad, ya que no había nada que hacer. Este líder, en lugar de enfadarse, decidió darle un regalo especial a su secretaria y reconocerla en público. La razón por la que lo hizo fue que se dio cuenta de todas las veces en las que ella había hecho transacciones, compras, y tomado decisiones con tanto acierto y durante tantos años. Ese día decidió reconocer todas las veces que lo había hecho bien y que no había sido reconocida. Cuántas personas tenemos a nuestro alrededor que todos los días se esfuerzan en lo que hacen, y con esmero hacen las cosas bien, pero sencillamente no se los reconocemos, y peor aún, les reclamamos mucho cuando cometen un error.

Una vida cambiada y agradecida

Una de mis películas favoritas de todos los tiempos es *Los miserables,* basada en la novela histórica de Víctor Hugo, publicada en 1862. En el corazón de la película está el efecto redentor del perdón, la gracia y la misericordia, pero quiero resaltar también cómo esas virtudes se tornan en una gran fuente de agradecimiento que logró una transformación significativa en el protagonista, Jan Valjean. En el resumen literario de Andrea Imaginario, ella menciona que la historia se enmarca en el período de la restauración de la monarquía francesa, que tuvo lugar en la primera mitad del siglo xix. Su tema gira en torno al bien, el mal, la ética, la justicia y la fe. La novela examina los valores vigentes en la sociedad francesa de mediados del siglo xix, y reflexiona sobre la naturaleza humana frente a la adversidad. Para ello, cuenta la historia de un expresidiario que desea reformarse: Jean Valjean, condenado a prisión por robar una hogaza de pan para sus sobrinos.

Transcurre el año 1815 en Francia. Jean Valjean sale de la cárcel tras cumplir diecinueve años de sentencia, cinco por robar pan y el resto por sus intentos de fuga. Nadie le da alimento ni posada,

excepto el buen obispo Myriel, a quien Valjean roba un juego de
platería. Las autoridades lo detienen pero Myriel, en lugar de presentar denuncia, le obsequia un par de candelabros más y lo exhorta
a cambiar. Ese sencillo pero significativo acto concentra el poder
transformativo de la gracia inmerecida, el perdón, la misericordia y
una nueva oportunidad. Libre de nuevo, Valjean roba una moneda a
un niño, pero el recuerdo del sacerdote le hace ver su propia crueldad
y decide reformarse. Dado que sus antecedentes penales le cierran
las puertas, adopta una identidad falsa bajo el apellido Madeleine.
Pasados los años, se hace un próspero y querido empresario de la
ciudad Montreuil-sur-Mer, donde llega a alcalde.[2]

Como ser humano, Valjean había perdido toda esperanza y significado en su vida; sin embargo, aprovechó esta nueva oportunidad que
le devolvió el honor y la confianza. Recobró el sentido y la esperanza,
y dedicó el resto de su vida a ser un agente de bien, de bienestar y
de bendición. Es que haber recibido inmerecidamente una oportunidad tiene tal impacto sobre la vida de uno que se convierte en una
poderosa fuerza de cambio. La gracia viste de honor inmerecido al
que la recibe, redime el alma, insufla al corazón de ánimo y redirige
las fuerzas hacia la transformación. Qué bueno es abocarse intencionalmente a bendecir a otros, y de esa manera activar razones para
ver florecer el agradecimiento.

2. Imaginario, Andrea, «*Los miserables* de Víctor Hugo: resumen, personajes y
análisis», Cultura genial, 18 de junio de 2021. https://www.culturagenial.com
/es/los-miserables-de-victor-hugo/

10

El honor generacional

Narrar historias sobre momentos cumbre e icónicos es en cierta forma honrar la memoria de algunas personas y organizaciones. Es muy importante plasmar la historia, sus protagonistas, sus eras, sus momentos icónicos. Considero que toda entidad, familia e institución que quiera progresar ha de honrar su pasado, sin desconectarse del presente ni del futuro. No se trata de hacer del pasado el protagonista, pero sí ha de ponderarse e incluirse en su sana medida. Y luego, es también importante identificar a las personas sobre cuyos dignos hombros las nuevas generaciones se apoyarán para proyectar el legado hacia el futuro. Qué valioso es esforzarse en honrar el pasado, para entender el presente y poder sostener el futuro.

Muchas veces, los líderes piensan que honrar es solo un asunto hacia arriba, es decir, hacia las personas que están en posiciones de responsabilidad más altas, más estratégicas, ya sea por rango de edad o de experiencia. Sin embargo, los líderes también honran el futuro legado y las próximas generaciones.

Es imposible pensar en el asunto del legado generacional sin considerar lo que significa realmente el amor de los padres a sus hijos. Los hijos son una herencia, un encargo y una responsabilidad de parte de Dios. Dios anhela que pasemos la riqueza integral a ellos y que los criemos enseñándoles las verdades morales y los principios para crear y administrar bien los recursos integrales de Dios. Según el autor Dennis Peacocke, varios de los padres del sistema

económico que tenemos actualmente fueron existencialistas, y las
políticas fiscales y monetarias de endeudamiento fueron penetradas
por su pensamiento unigeneracional, en el que, en muchos sentidos,
invitan a consumir hoy los activos del mañana. Sin embargo, el verdadero amor por los hijos hace que los padres creyentes se manten-
gan alejados de un sistema de endeudamiento y consumismo.[1] La
Biblia dice que los padres han de dejarles herencia (no deuda) a sus
hijos (Prov. 13:22).

La riqueza duradera es multigeneracional y orientada al largo
plazo. La maldición de la pobreza es la riqueza que solo dura una
generación, afirma el mismo Peacocke. Es egoísmo versus herencia.
El verdadero legado de las familias piadosas está en las capacidades
de mayordomía y carácter como la principal garantía del éxito. No
se trata de dejar «cosas», sino el carácter que acompañe y sostenga
cualquier cosa.[2]

Riquezas intangibles

En Mateo 6:19-20 Jesús exhorta a enfocarse en las riquezas intangibles, eternas y duraderas, al decir: «No acumulen para sí tesoros en
la tierra, donde la polilla y el óxido destruyen, y donde los ladrones
se meten a robar. Más bien, acumulen para sí tesoros en el cielo,
donde ni la polilla ni el óxido carcomen, ni los ladrones se meten
a robar» (NVI). En el mercado de valores, el mundo corporativo y
las altas esferas de la sociedad, la riqueza espiritual o intangible es
la más necesitada, pero a la vez, la menos procurada. Aun cuando
la intangible es duradera, el enfoque en lo inmediato de las riquezas terrenales tiende a opacar la belleza y la relevancia de la riqueza
intangible y eterna.

---

1. Peacocke, Dennis, _Doing Business God's Way_ (New Kensington, PA: Whitaker House, 2017), p. 31.
2. _Ibid._

La riqueza intangible produce un efecto positivo sobre la riqueza tangible, le provee una plataforma de sustento, respaldo y carácter que le facilita su sostenibilidad en el tiempo, incluso a través de las generaciones. Por eso es conveniente dar prioridad a la construcción del capital intangible por encima del tangible. Ahora bien, es vital comprender la riqueza intangible en sus dimensiones, a fin de facilitar un desarrollo integral y robusto de la misma. Sus dimensiones, ampliando sobre lo comentado por el autor Peacocke, son:

- **Paz** en nuestro ser, como consecuencia de nuestra relación con Dios por medio de Jesucristo. Jesús da una paz diferente a la que el mundo da, con la cual es posible hacer negocios y manejarse profesionalmente en cualquier circunstancia.
- **Relaciones significativas.** Los contactos profesionales, las redes informativas, los vínculos sociales y familiares son obra de la gracia de Dios y constituyen una dimensión magnífica de soporte y proyección para cualquier líder, familia o sociedad que quiera trascender.
- **Bienes de revelación.** Todo aquel conocimiento acerca de Dios y Sus enseñanzas que se ha capitalizado en una persona, a través del tiempo o incluso de generaciones; toda la sabiduría aplicada (por ej., a un área específica profesional o de gestión), o toda aquella habilidad descubierta y puesta en práctica efectivamente; todo constituye parte de la riqueza intangible de alguien.
- **Tiempo.** El contenedor individual o colectivo que reconoce y hace disponible este recurso perecedero para el bienestar de otros.
- **Contentamiento material.** La capacidad de los individuos, las familias o las sociedades de existir satisfactoria y felizmente con lo que tienen. A pesar de que tal vez tengan aspiraciones de mejorar su condición, pueden disfrutar la vida con lo que tienen.
- **Carácter.** La conformación única y auténtica que produce resiliencia o capacidad para enfrentar cualquier realidad y salir fortalecido de ella.

El legado se construye a través de sabios que hacen multinversiones, con el largo plazo en mente, y al fortalecer el fundamento intangible en todas sus dimensiones, tanto en sus propias vidas como en las de sus cercanos.

Paso de mando de David a Salomón (1 Crónicas 28–29)

En 1 Crónicas 28 y 29 es posible ver el momento de la transferencia de liderazgo entre el rey David y su hijo Salomón. Y es de suma importancia prestar atención a cada aspecto de esta sucesión de mando, ya que hay mucho que aprender de ella. En primer lugar, vemos cómo el rey David se encargó de juntar en la ciudad central de Jerusalén a todos los líderes nacionales, los poderosos, los administradores, los ricos y los valientes. Es decir, la transferencia de mando fue un evento público que no se hizo en una esquina o en secreto.

El rey David inició su discurso presentando el gran proyecto de edificación que tenía en mente y las razones por las cuales no lo había llevado a cabo, ya que entendió de parte de Dios que no le correspondía a él completar ese gran proyecto Igualmente, David reconoció que había sido Dios quien lo había puesto en esa posición de liderazgo nacional. De manera pública, reconoció que, entre todos sus hijos, Dios había elegido a Salomón para que lo sucediera en el trono del reino sobre Israel. Y resaltó su certeza de que sería Dios quien apoyaría el asentamiento de Salomón en sus funciones.

En el versículo 8, el rey Salomón hace una petición a todo Israel, a todos los que estaban reunidos allí: guardar los preceptos del Señor nuestro Dios, y particularmente menciona el asunto de poseer la buena tierra y dejarla en herencia «a vuestros hijos después de vosotros» en perpetuidad. El rey David estaba evocando los proyectos y propósitos multigeneracionales de Dios para con Su pueblo. Luego de este abordaje al público en general, voltea su enfoque hacia Salomón y enfatiza algunos puntos importantes:

- **Legado espiritual.** Primero, le dice a Salomón que entable una relación personal con el Dios de su padre, que lo sirva de todo corazón para que le vaya bien en todo lo que haga. Este es el legado espiritual.
- **Dirección estratégica.** En segundo lugar, David aprovecha para recordarle que es Dios el que lo ha elegido con un objetivo en particular: edificar una casa para Dios, un templo en el cual adorarlo. Aquí, David estaba dándole un sentido de dirección estratégica a su hijo.
- **Diseño y planificación estratégica.** En tercer lugar, podemos ver en el versículo 11 cómo David le entrega el plano completo de lo que realizaría (el templo de su casa, sus tesorerías, su aposento y sus cámaras, entre otras cosas). Entregó tanto los planos físicos como el diseño de la organización, según el versículo 13, detallando quiénes estarían allí apoyándolo: los sacerdotes y los levitas.
- **Recursos públicos disponibles.** En el v. 14 se muestra cómo le hizo una transferencia de recursos institucionales dispuestos para tal fin. Dice que le dio el oro y la plata para todo lo que iba a ser necesario en el desarrollo del proyecto. En este sentido, es importante destacar que la gestión de David había logrado acumular recursos para la realización del proyecto. Acá está la transferencia detallada de los recursos que iban a ser necesarios para la construcción del proyecto.
- **Estructura relacional de apoyo.** Desde el v. 20 en adelante, en sus palabras de ánimo para su hijo Salomón, David señala a las personas que han de acompañarlo para que tenga éxito, y le dice: «Estarán contigo en toda la obra» (v. 21). Se refiere tanto al ámbito espiritual como de voluntariado, en relación con las capacidades intelectuales necesarias para toda forma de apoyo, al igual que a los líderes de la comunidad que lo ayudarían a ejecutar e implementar cada aspecto de su gestión. Esto es parte del legado relacional.

- **Finanzas familiares.** Luego, en el capítulo 29, es posible notar cómo David afianza a Salomón ofreciéndole también parte de su erario personal. Le entregó fondos de forma voluntaria, pero también hizo una invitación al pueblo a unirse al proyecto en ese mismo momento a través de una ofrenda voluntaria. Se ve que, a partir del v. 6, eso movilizó automáticamente a los líderes de la comunidad.

Finalmente, en el cierre de la ceremonia, es posible ver que David reconoce la fidelidad de Dios, lo invoca ante la entrega del mando a su hijo, y llama a un tiempo colectivo de adoración y sacrificios a Dios, seguido de una gran celebración. Dice: «Y comieron y bebieron delante de Jehová aquel día con gran gozo» (v. 22). Allí dejó de ser un momento de tristeza y agonía por el fin del gobierno del gran rey David, y se convirtió en una forma muy peculiar, sana, y alegre de cerrar con regocijo espiritual la transferencia de responsabilidades de un padre a un hijo para el liderazgo de la nación de Israel.

La historia de Carlton y el legado generacional

El autor David McAlvany, en su libro *The Intentional Legacy* [El legado intencional], narra una interesante historia que ilustra de forma práctica el valor de una comunidad que valora la continuidad generacional.

Entre 1840 y 1980 llegaron dos grandes oleadas de inmigrantes chinos a los Estados Unidos. La primera ola fue impulsada por oportunidades de mano de obra que se abrieron con los ferrocarriles y las minas durante el auge y la expansión de las industrias hacia el oeste en el siglo XIX. En la medida que se asentaban, crearon comunidades conocidas como *Chinatowns* [o barrios chinos], muchas de las cuales existen en una forma u otra en algunas de las ciudades portuarias más grandes de Estados Unidos, como San Francisco y Nueva York.

Con el fin de construir y salvaguardar su propia comunidad en Estados Unidos, a menudo frente a los crecientes prejuicios, los inmigrantes chinos construyeron una serie de clanes de distritos y asociaciones que finalmente sirvieron como consejos familiares con fines de mediación de disputas, préstamos, salud, educación y servicio funerario. Como alternativa a un sistema bancario y crediticio estadounidense, la asociación y el consejo del clan proporcionaban a los sinoestadounidenses comparativa facilidad de acceso al dinero. Pero, para beneficiarse de lo que tenían para ofrecer, la familia inmigrante tenía que reforzar los valores del clan y del concejo.

Los jefes de familia y los ancianos de la comunidad, quienes daban gran importancia al honor y a la continuidad generacional, solían liderar estas asociaciones de clanes. A cambio de lealtad al clan, las familias inmigrantes dispuestas a desarrollar un historial de trabajo duro podían evitar la infraestructura crediticia estadounidense. Los hijos de los inmigrantes eran incentivados a honrar a sus padres e identificarse con una cultura distintiva. Como resultado, la comunidad sinoestadounidense pudo avanzar hacia algunos de los mismos objetivos compartidos por las familias internacionales: la capacidad de perpetuarse y autosostenerse, honrando el pasado mientras se mantiene una visión fascinante hacia el futuro.

La familia de Carlton había llegado después de la Segunda Guerra Mundial, en la segunda ola de inmigración, y ahora estaba aprendiendo a encontrar el equilibrio óptimo entre mantener la herencia china de larga data y abrazar la cultura moderna de Estados Unidos. Era una cuerda floja difícil con sus desafíos propios y únicos, pero hasta ahora, lo habían hecho funcionar.

En 1982, la familia de Carlton tuvo que tomar una decisión
que los afectaría a ellos y a su comunidad durante generaciones. ¿Qué hacer con un hijo muy inteligente, honroso y
trabajador con brillantes perspectivas de éxito académico,
pero con fondos insuficientes para subsidiar la travesía?
Carlton había sido aceptado en el prestigioso Instituto de
Massachusetts de Tecnología (MIT, por sus siglas en inglés),
pero la familia simplemente no tenía dinero para pagar la
educación. Así que llamaron a los ancianos de la familia del
consejo del clan. Lo que sucedió (según me lo informó mi
amigo, cuya familia vivía en el primer piso del dúplex) va al
corazón mismo de mi mensaje sobre intencionalidad y legado
financiero. El consejo de ancianos llegó a la casa de Carlton,
donde fueron recibidos en el apartamento del segundo piso y
sirvieron el té. Allí, en privado, tuvieron sus primeras impresiones del estilo de vida de la familia. Entonces, comenzó la
reunión.

Carlton fue presentado por su padre al consejo. Su padre
le explicó que había sido un hijo trabajador. Había honrado
a su padre y a su madre. Había demostrado ser confiable.
Mostraba ser muy prometedor, tenía una puntuación excep-
cionalmente alta en sus exámenes y había sido invitado a
asistir al MIT. Tenía aspiraciones de obtener un doctorado,
pero la familia simplemente no tenía los medios para cubrir
los gastos asociados con un título de pregrado.

¿Ayudaría el consejo? Ellos tenían algunas preguntas para el
padre de Carlton, que se reducían más o menos a lo siguiente:
¿Era un hijo honrado? Respuesta: Sí. ¿Ha abrazado las tradiciones de la comunidad? Respuesta: Sí. A continuación, una
pregunta para Carlton: «Si invertimos en ti, ¿algún día harás
lo mismo por alguien más en nuestra comunidad? ¿Invertirás
en hijos de nuestros niños?». Carlton estuvo de acuerdo. Su
matrícula estaba cubierta. Nada más que hacer. Sin culpa. Sin

cargas. Sin deuda con alto interés. Sin negociaciones intensas ni entrega de propiedad. El pago inicial de Carlton se puso a su disposición cuando les demostró a su padre y a los ancianos que había abrazado la identidad de su familia.[3]

Cohesión entre generaciones

A continuación, veremos algunas consideraciones importantes para proveer un cuidado idóneo al personal y fomentar un sentido colectivo de significado en la organización, que intencionalmente faciliten su desarrollo y permanencia. La sostenibilidad organizacional es un asunto que está directamente relacionado con el buen trabajo que esté haciendo el liderazgo en equipar a cada una de las diversas generaciones que conviven en el ecosistema organizacional para enfrentar los retos futuros, y más importante aún, en inspirar entre dichas generaciones ganas de trabajar juntas para un mismo fin.

El legado relacional

He tenido la fortuna de tener un padre muy intencional en esto de conectarme socialmente para construir el capital relacional, uno de los elementos de la riqueza intangible. No recuerdo ningún lugar al que lleguemos juntos donde su primera intención no sea que yo conozca a las personas con las que nos cruzamos. Él me dice quién es la persona; luego, siempre les habla de mí a las personas y, como buen padre, resalta (y exagera) cualidades que ve en mí. Sinceramente, muchas veces se ha sentido extraño o incómodo, pero hoy reconozco el valor de esto. Él quiere que ocurra un traspaso de capital relacional de su generación a la mía, quiere que capitalicemos y hagamos más robustas las relaciones que hasta el momento se han construido.

---

3. McAlvany, David, *The Intentional Legacy* (Durango, CO: Brown Thompson Publishing, 2017), pp. 136-137.

En una oportunidad, justo cuando yo estaba en plenos preparativos de mi boda, recuerdo la tarde de un sábado en la que andaba con mi prometida Gaby y recibí una llamada de mi padre. Él me pidió si podía ir de inmediato a un sitio al otro lado de la ciudad donde se encontraba compartiendo un ameno momento con una persona que había sido muy querida y cercana a mi abuelo. Le dije: «Pero papá, ¿tiene que ser en este preciso momento? Estoy terminando una serie de cosas urgentes, ya que estamos a pocos días de nuestra boda». Sin embargo, él me pidió encarecidamente que fuera, y terminamos yendo. Ese día, pude conocer a este señor, ya muy anciano, que estaba solo ese día de visita en la ciudad (por eso la urgencia de mi padre). Al salir de allí, pude experimentar el valor que tiene la conexión intergeneracional. Era un buen amigo de mi abuelo y mi papá me lo presentó. Tres generaciones vinculadas, a propósito. Fue un momento de honra para todos los involucrados. Los amigos de mi abuelo deberían ser importantes para mí.

Las relaciones buenas que se han cultivado no ocurren por casualidad; han de ser intencionales y tienen la posibilidad de apalancar el legado de una familia. Capitalizar las relaciones significativas entre generaciones trae muchos beneficios: el potencial de traspasar aprendizajes, experiencias, conocimiento, capacidades para resolver problemas, recursos, relaciones, etcétera. Es impresionante. De hecho, uno de los más grandes retos que he experimentado al vivir en otro país es precisamente la desarticulación casi inmediata de muchos de esos vínculos locales. Uno de los principales asuntos de los que debe cuidarse una familia es la desarticulación de sus redes significativas. La distancia lo hace más difícil, pero es importante ser intencionales en mantener esas relaciones en la medida de lo posible. La desunión es una estrategia del enemigo de Dios para eliminar el legado significativo de los creyentes y de sus familias.

Estructuras sucesorales

En el contexto organizacional (en particular, el de las empresas familiares) es posible ver el desarrollo de infraestructuras para la transferencia de un legado entre una generación y otra. Todo líder quiere ver que su legado perdure y ha de crear una infraestructura para eso. Hay un sinfín de estudios que hablan de cómo se desvanece el legado de muchas organizaciones en la tercera generación. Por eso es importante abordar aspectos legales, de sucesión, de estructuración financiera e impositiva, de diseño organizacional y de capital relacional acerca de cómo funcionará todo en el futuro.

Por ejemplo, hay empresas u organizaciones familiares que han designado juntas directivas para las generaciones emergentes que funcionan de manera conjunta con las juntas principales. Se designan varios niveles de juntas directivas dentro de una misma organización y las decisiones se toman a cada nivel según sea su importancia. Quiere decir que siguen operando a nivel estratégico ciertas decisiones, pero se ha creado intencionalmente una junta directiva «junior». Es decir, se le ha dado participación a potenciales sucesores en un espacio segmentado por edad o experiencia, para que tomen decisiones significativas según el espectro que se les otorga. Esto es particularmente común en culturas donde hay una marcada diferencia, distinción y respeto generacional.

En una conversación con John Shin, empresario de Corea del Sur, quien fue también presidente de la junta directiva de la organización internacional CBMC (Connecting Bussiness and Marketplace to Christ) me comentó que el liderazgo de la institución en su país había delegado al liderazgo «junior» la responsabilidad de organizar la convención mundial de la organización. Me imaginé que estaba hablando de líderes relativamente jóvenes, de entre treinta y cuarenta años. Sin embargo, resulta que los miembros de tal junta junior tenían entre cincuenta y sesenta años. Una edad que, en otros países, conforma las juntas directivas sénior. A esa junta directiva junior

le fue encargada la organización de una convención mundial que
albergó cerca de 5000 personas de todo el mundo. De esa misma
manera, la asociación, a nivel nacional, ha tenido diversos niveles
organizativos para la toma de decisiones, incluso hasta llegar a eda-
des escolares. El asunto, al final, es asegurar que las próximas generaciones tengan las capacidades necesarias para tomar las futuras
decisiones que garantizarán el éxito y la sostenibilidad del legado.

Comprensión intergeneracional

Tanto los que actualmente dirigen como los que ingresan al mercado
laboral precisan una comprensión profunda de las diferencias gene-
racionales existentes. Los más recientes estudios plantean diferencias
significativas que tienden a afectar la dinámica líder-seguidor. Por
ejemplo, la generación emprendedora y conservadora nacida entre los
años 1961 y 1981 (conocida como Generación X) dirige a la generación nacida entre 1982 y 2002 (conocida como Generación Milenial),
caracterizada por ser tecnológicamente experta, bien educada, multi-
cultural, autodirigida e informal. La creación de un ambiente propicio para el intercambio, la tolerancia y la comprensión es necesaria
para lograr un sentido mutuo de significado en el trabajo dentro de
la organización. El rol del líder en esto es crear intencionalmente un
ambiente para el intercambio conversacional significativo y donde
reine la confianza.

Estrategias comunicacionales

Es preciso entender que no todo el mundo habla a través del mismo
canal hoy en día. Unos prefieren hablar cara a cara y otros, por
ejemplo, se comunican a través de canales o mecanismos electrónicos. Las generaciones emergentes conversan a través de medios
poco cómodos para las generaciones anteriores (quizás por lo rápido,
complejo, asincrónico y aparentemente trivial). Si un líder se cierra
a escuchar a través de los diversos canales que la tecnología y la

sociedad moderna le facilitan, pronto perderá conexión emocional con sus seguidores.

Hoy en día es interesante ver cómo ciertas organizaciones están usando lo que yo llamo «mentoría inversa», donde se asigna a jóvenes para que puedan guiar a líderes mayores con el fin de enseñarles a adoptar nuevas tecnologías. Esto requiere una humildad y una disposición nunca vistas. Un mecanismo conector entre generaciones es también el uso de metáforas en las cuales funcionar, algo que aleje las diferencias y cree una comprensión mutua del trabajo. Por ejemplo, la de ver al ambiente organizacional como un jardín donde el rol del jardinero es permitir que mil flores florezcan (experimentación) y suculentas frutas se cosechen (efectividad y sustentabilidad).

Pasar la batuta de honra a la próxima generación

Cuando un líder se queda mucho tiempo en su propia trinchera y se niega a transferir el liderazgo a la próxima generación, está hiriendo a esa generación. Ese líder está dejando a esa próxima generación imposibilitada de actuar en el momento adecuado, según la fuerza que tiene disponible, según la demanda del momento en el cual existe. Si bien es muy difícil determinar específicamente cuándo un líder ha de transferir el mando, creo que lo que puede cambiar el juego es preguntarse cuánto estoy honrando a la próxima generación. Preguntarse cuántas herramientas les estoy entregando, si estoy instruyéndolos en la visión del futuro, si estoy generando las conexiones relacionales que necesitarán para tener éxito en su gestión, si estoy transfiriéndoles un legado espiritual. Cuando un líder se niega a liberar el conocimiento, las experiencias o el legado para que la próxima generación empiece desde donde él llegó, entonces no solamente está erosionando su honor, sino que también está dejando de honrar a la próxima generación.

11

EL HONOR CULTURAL

Empatía cultural

Una forma interesante de honrar a las otras personas es precisamente mostrar de manera intencional nuestra genuina disposición de comprender la cultura de otros y ser relevantes, a pesar de no comprender ni simpatizar perfectamente con cada aspecto de esta.

En el contexto del liderazgo, esto tiene muchas implicaciones en cuanto a la capacidad de los individuos en una organización para expandir operaciones a nuevas latitudes, liderar equipos diversos, tomar decisiones en ambientes complejos e innovar, entre otras cosas.

Una pregunta que surge es si es suficiente tener un equipo de gente diversa o si más bien son necesarios más altos niveles de inteligencia cultural. Según Third Culture Solutions, los equipos diversos compuestos por miembros con baja inteligencia cultural (IC) tienen un rendimiento significativamente inferior al de los equipos homogéneos. Pero los equipos diversos compuestos por miembros con una IC moderada o alta superan significativamente a los equipos homogéneos en casi todas las medidas, entre las cuales se encuentra la innovación.[1]

La inteligencia cultural es una medida basada en la investigación que predice cómo un individuo trabajará y se relacionará con personas de

---

1. «Cultural Intelligence (CQ)», Third Culture. https://www.thirdculture.co.nz /research/

diferentes orígenes culturales.[2] Se trata de reconocer y ser competente a la hora de comprender la cosmovisión del otro para serle relevante. Es importantísimo que una persona sea capaz de acercarse a la interpretación de la cultura de otra persona con la mejor intención de ser relevante y respetuosa de las necesidades de esa persona. Las heurísticas (atajos mentales inconscientes) y los prejuicios (puntos ciegos) opacan la visión de los seres humanos en cuanto a la realidad de los demás.

Por ejemplo, a un líder occidental quizás le sea un tanto ajena la forma en que los japoneses procuran más el consenso en sus procesos de decisión estratégica. Su modelo cultural no se conforma con una simple mayoría a la hora de tomar decisiones, sino que se debe llegar a una decisión en la que la gran mayoría esté de acuerdo. Es un estilo que toma más tiempo, y podría parece inconveniente para la toma urgente de decisiones a las que está acostumbrado el sistema occidental; sin embargo, para los japoneses es más importante el compromiso de todos una vez que se tome una decisión, que tan solo procurar una mayoría simple en una decisión significativa, por los beneficios que eso trae.

Otros ángulos culturales son, por ejemplo, reconocer que hay personas de algunas culturas a las que no les gusta que personas de otras culturas les digan qué hacer o las dirijan. La jerarquía de los ancianos y el rol de los niños son diferentes en diversas culturas. Además, la distancia de poder entre clases sociales o posiciones en la organización es muy pequeña en algunas culturas, en las que es posible ver a trabajadores de planta de una fábrica vivir en el mismo vecindario en el que vive su gerente de operaciones.

Dimensiones culturales de Hofstede

A pesar de que la mejor forma de aprender a globalizar nuestra comunicación es exponiéndonos intencionalmente a ella, es decir, abriendo nuevos y más frecuentes espacios para la comunicación con

---

2. *Ibid.*

personas de otras latitudes; a continuación, se proveen algunas consideraciones que pueden ser de utilidad para facilitar la comprensión mutua y la comunicación entre culturas. Es importante reconocer las variaciones culturales o las diferencias en la programación colectiva mental que distingue a un individuo de otro, para facilitar el entendimiento mutuo y la comunicación.

A continuación, se menciona una interpretación planteada por Geert Hofstede sobre las diferencias culturales entre naciones. Se estima que Hofstede, que era un profesor de psicología social, fue la primera persona en usar datos de forma significativa para mapear las diversas culturas mundiales según ciertas escalas.[3] Él definió una cultura como la programación colectiva de la mente, que permite distinguir a los miembros de un grupo o categoría de gente de otro.[4] En su descripción, consideró que las culturas pueden contrastarse a través de cinco dimensiones:[5]

Dimensión	Descripción
Distancia en el poder	El grado en que miembros «menos poderosos» de una sociedad esperan la existencia de diferencias en los niveles de poder. Un puntaje más alto sugiere que hay expectativas de que algunos individuos tendrán mucho más poder que otros. Países con elevada distancia en el poder son típicamente más violentos. Un puntaje bajo refleja la perspectiva de que la gente debe tener derechos iguales. Las naciones latinoamericanas y árabes están catalogadas como las más altas en esta categoría; las escandinavas y germánicas, como las más bajas.

3. Meyer, Erin, *The Culture Map: Breaking Through the Invisible Boundaries of Global Business* (Nueva York, NY: PublicAffairs, 2014), p. 121.

4. Swaidan, Z. y Hayes, L., «Hofstede Theory and Cross Cultural Ethics Conceptualization, Review, and Research Agenda», Journal of American Academy of Business, Vol. 2 (marzo de 2005), pp. 10-15.

5. «Hofstede's Cultural Dimensions Theory», Wikipedia, 1 de junio de 2023. https://en.wikipedia.org/wiki/Hofstede%27s_cultural_dimensions_theory

Dimensión	Descripción
Individualismo vs. colectivismo	El individualismo es contrastado con el colectivismo, y se refiere al grado al que la gente espera valerse por sí misma o, de manera alternativa, actuar principalmente como miembro de un grupo u organización.
Masculinidad vs. feminidad	Se refiere al valor asignado a los tradicionales roles de los géneros. Los valores masculinos incluyen la competitividad, la asertividad, la ambición y la acumulación de riqueza y posesiones materiales. En una cultura masculina, la mayoría cree que solo los hombres se deben preocupar por las carreras lucrativas y que las mujeres no deben trabajar muy duro ni estudiar si no quieren. En una cultura femenina, hay más casos de mujeres en carreras tradicionalmente ocupadas por los hombres (por ejemplo, las ingenierías) que en una cultura masculina. Japón es considerado por Hofstede como la cultura más «masculina», y Suecia como la más «femenina».
Evasión de la incertidumbre	Refleja el grado al que una sociedad acepta la incertidumbre y los riesgos. En términos sencillos, las culturas con más puntaje en esta escala evitan correr riesgos. Las culturas mediterráneas y Japón son las más altas en esta categoría.
Orientación a largo plazo vs. orientación a corto plazo	Se refiere a la importancia que se da en una cultura a la planeación de la vida a largo plazo en contraste con las preocupaciones inmediatas.

Quisiera enfatizar particularmente algunos puntos en relación con la distancia de poder, ya que es en ese elemento donde podría haber más oportunidades para ver en práctica el honor o la vergüenza, una dimensión clave en el contexto que estamos describiendo. Es interesante ver cómo el autor Hofstede desarrolló el término *distancia de poder* mientras analizaba 100 000 encuestas en IBM en la década de 1970. Luego, también lo analizó en otras estructuras sociales como tribus y comunidades. Tomando de esa base de Hofstede, el Globe

Project calibró y probó la información sobre la escala de poder en el contexto del liderazgo en los negocios. La distancia de poder se relaciona con preguntas como:

- ¿Cuánto respeto o deferencia se muestra a una figura en autoridad?
- ¿Cuán parecido a Dios es el jefe?
- ¿Es aceptable saltar capas de autoridad en tu compañía? Si quieres comunicar un mensaje a alguien que está a dos niveles más arriba o más abajo que tú, ¿debes ir a través de la cadena jerárquica?
- Cuando tú eres el jefe, ¿qué te otorga un aura de autoridad?

Esta última pregunta conecta la idea de distancia de poder con las señales que se usan para demarcar el poder dentro de una organización o grupo social. Las diferencias prácticas entre estos espectros de las culturas igualitarias y las jerárquicas se describen brevemente a continuación:

En una cultura igualitaria, la distancia de poder es baja. Dicho de otra forma, todos son iguales, incluso en el lugar de trabajo. En las culturas igualitarias, es más probable que surja un aura de autoridad al actuar como uno más del equipo; mientras que en una cultura jerárquica (alta distancia de poder), un aura de autoridad tiende a surgir al destacarse claramente del resto.[6] Las empresas que funcionan en culturas igualitarias tienden a tener una estructura organizativa plana. La gente habla tan fácilmente con el gerente general como con el empleado de menor rango.

En una cultura jerárquica, la distancia de poder es alta. En pocas palabras, el rango importa. Las empresas en culturas jerárquicas tienen niveles claramente definidos y los empleados se adhieren a ellos. Hablan con su jefe inmediato y sus subordinados, pero reciben

---

6. Meyer, *The Culture Map*, p. 121.

permiso para hablar con cualquiera que esté más arriba o más abajo en la cadena.[7]

Tres cosmovisiones culturales

Existe también otra forma de distinguir a las culturas. El sitio especializado en abordajes transculturales Knowledgeworkx se refiere a tres impulsores (llamados «colores») de la cosmovisión cultural, que aclaran y expresan cómo nuestro pensamiento, nuestra forma de hablar y nuestra actuación cultural influyen en nuestras interacciones diarias con el mundo que nos rodea.[8] Ampliar la comprensión de estos tres impulsores de la cosmovisión provee conocimientos para mejorar las relaciones en el hogar, con amigos, en la sociedad y en el trabajo.

La misma fuente destaca que las preferencias culturales personales son una mezcla de los tres factores siguientes:

- Hacer lo que trae honor (Honor ↔ Vergüenza).
- Hacer lo correcto (Inocencia ↔ Culpa).
- Hacer lo que trae control, poder e influencia (Poder ↔ Miedo).

Comprender más profundamente esas tres dimensiones permite calibrar el comportamiento para conectarse de manera más efectiva con los demás. Además, permite aumentar lo que se conoce como agilidad o inteligencia cultural a nivel personal, grupal y organizacional.

Tal como cualquier otro aspecto de la cosmovisión, estas tres dimensiones culturales se pueden visualizar como lentes de tres colores a través de los cuales se interpreta y filtra el mundo, y están

7. Sinusoid, Darya, «Cultural Leadership Styles: Egalitarian & Hierarchical», Shortform Books, 4 de noviembre de 2021. https://www.shortform.com/blog/cultural-leadership/#:~:text=In%20an%20egalitarian%20culture%2C%20the,to%20the%20lowest%2Dranking%20employee

8. «Three Colors of Worldview», KnowledgeWorkx. https://www.knowledgeworkx.com/framework-three-colors-of-worldview

formados por las creencias y suposiciones culturales básicas que subyacen al comportamiento y la cultura.

Según el sitio especializado en interpretación intercultural Honor and Shame, los misiólogos cristianos identifican, a través de los extremos con connotación negativa de estos tres colores de cosmovisión, las tres respuestas al pecado en los seres humanos: culpa, vergüenza y miedo. Alegan incluso que estas tres emociones morales se han convertido en la base de los tres tipos de cultura.[9] Sin embargo, la buena noticia es que solo en el mensaje del evangelio se consigue la respuesta relevante para cada una de estas tres condiciones posibles en los seres humanos.

La forma de pensar, hablar y comportarse se filtra a través de nuestra mezcla única de estos tres lentes de cosmovisión cultural. Incluso para algo tan vital como es la comunicación efectiva en cualquier situación intercultural, es clave reconocer tanto la combinación propia de impulsores de cosmovisión cultural como los de las personas con las que se está interactuando. Toda esta interpretación cultural nos ubica en un plano reflexivo en torno al ejercicio del liderazgo, al preguntarnos: ¿ser visto como honorable es más importante que ser visto como correcto? ¿O es más importante mantener el poder posicional que ser avergonzado? ¿Cómo interpretamos la efectividad de un líder: por su apego a las normas o por su impacto en la comunidad?

A continuación, una breve descripción de cada uno de estos tres lentes o dimensiones de cosmovisión cultural.

1. Honor-vergüenza

Las personas que usan honor-vergüenza como su impulsor principal se enfocan en hacer lo que se considera honorable y lo que honra a «su gente». Puede ser una familia, tribu, nación, o un equipo u

---

9. «Understanding Guilt, Shame, and Fear Cultures», Honor Shame, 3 de abril de 2016. https://honorshame.com/understanding-guilt-shame-fear-cultures/

organización. Las sociedades con una cosmovisión predominantemente de honor-vergüenza enseñan a los niños a tomar decisiones
honorables de acuerdo con las situaciones en las que se encuentran.
La comunicación, la interacción interpersonal y los tratos comerciales
están muy impulsados por las relaciones, y cada interacción afecta
el estado de honor-vergüenza de los participantes.[10] Las culturas
de honor-vergüenza son esencialmente culturas colectivistas (más
comunes en la sociedad oriental), donde las personas se avergüenzan
por no cumplir con las expectativas del grupo y buscan restaurar su
honor ante la comunidad.[11]

2. Inocencia-culpabilidad

Las personas que utilizan la inocencia-culpabilidad (algunos la llaman dignidad-culpabilidad) como su impulsor principal se enfocan
ante todo en hacer lo correcto. Prefieren tener reglas, acuerdos y contratos para tener claridad sobre lo que está permitido y lo que no está
permitido. Los niños son criados con habilidades de pensamiento
como el razonamiento deductivo, causa y efecto, y la importancia
de hacer buenas preguntas. Quienes funcionan desde este ángulo
cultural normalmente quieren evitar hacer algo incorrecto o ser vistos
como culpables. A veces, esto puede conducir a tal afán por demostrar su inocencia que pierden de vista lo que es moral y ético («Pero
yo no infringí la ley...»).[12] Las culturas de inocencia-culpabilidad
tienden a ser sociedades más individualistas (en su mayoría, occidentales), donde las personas que violan las leyes son culpables y buscan
justicia o perdón para rectificar un error.[13]

10. «Three Colors of Worldview», KnowledgeWorkx.
11. «Understanding Guilt, Shame, and Fear Cultures», Honor Shame.
12. «Three Colors of Worldview», KnowledgeWorkx.
13. «Understanding Guilt, Shame, and Fear Cultures», Honor Shame.

3. Poder-miedo

Las sociedades que funcionan desde una cosmovisión predominantemente de poder-miedo tienden a enfatizar la enseñanza sobre formas
positivas de usar el poder (empoderar, dar vida, agregar valor a las
personas) y formas negativas de usar el poder (crear miedo, extraer
vida de las personas). Crían a los niños para evaluar dónde encajan en
el orden jerárquico de cada situación y a comportarse en consecuencia. A medida que crecen, aprenden a alinearse con las personas adecuadas para ganar más influencia y poder.[14] Las culturas de poder y
miedo se refieren a contextos animistas (típicamente tribales), donde
las personas temerosas del mal y del daño persiguen el poder sobre
el mundo de los espíritus a través de rituales mágicos.[15]

Estos tres tipos de cultura son como personalidades grupales que
definen cómo la gente ve el mundo e interactúa con él. Así como
las personas a título individual tienen una personalidad, los grupos
culturales comparten una grupalidad. La grupalidad se refiere a un
«patrón organizado de características de comportamiento de un
grupo». El tipo cultural de una persona da forma a su cosmovisión,
ética, identidad y noción de salvación, incluso más que su personalidad individual. Entonces, ¿no sería importante conocer el tipo de
cultura de tu contexto para entender mejor las relaciones en donde
vives, sirves o trabajas?

Es importante recordar que esto funciona como combinaciones
de los tres filtros de la cosmovisión, en la que conseguimos diferentes mezclas y configuraciones. Es decir, por ejemplo, no podemos
suponer que una cultura es solo honor-vergüenza, ya que es posible
que tenga trazos de poder-miedo o de inocencia-culpabilidad que
la distingan en un segundo o tercer plano. Por eso es importante
distinguir con detalle entre las culturas.

---

14. «Three Colors of Worldview», KnowledgeWorkx.
15. «Understanding Guilt, Shame, and Fear Cultures», Honor Shame.

La mayoría de las fuentes de interpretación cultural parecen estar
de acuerdo en que la mayor parte del mundo funciona dentro de
la cultura honor-vergüenza. El mundo occidental parece estar más
influenciado por la cultura de inocencia-culpabilidad, el mundo
oriental es predominantemente honor-vergüenza y porciones de
África oriental funcionan más en un contexto de poder-miedo. En
cuanto a Latinoamérica en particular, hay diferentes apreciaciones
sobre cuál es el impulsor que más predomina; sin embargo, hay evidencia de la existencia de un nivel significativo de honor-vergüenza
como para tener que hacernos diestros en su comprensión y ser relevantes a la cultura reinante.

El autor John J. Pilch dice que, en la cultura occidental, no es el
honor y la vergüenza sino la culpa lo que impulsa el comportamiento
humano.[16] El autor Gerard Downings logra una síntesis de obser-
vaciones de carácter global que aportan gran valor para comprender
cómo conviven las tendencias culturales:

> Ya sea que estemos impulsados por la culpa o no, ¿la preo-
> cupación por el honor y la vergüenza es realmente «ajena a
> la mayoría de los europeos del norte»? En la colección ante-
> rior, Peristiany ya escribió que «todas las sociedades tienen
> sus propias formas de honor y vergüenza», que entre varias
> sociedades hay «analogías significativas» y «diferencias igual-
> mente significativas»; y Pitt-Rivers ejemplificó conceptos de
> honor en los países anglosajones contemporáneos, donde el
> honor se adquiere «a través del hecho de la posesión» en
> lugar de «a través del acto de posesión, beneficencia». Desde
> el tipo de zapato o el tamaño del escritorio hasta el modelo
> de automóvil de la empresa, desde la «declaración» hecha por
> el tipo de cerveza que uno bebe hasta el destino del equipo

---

16. Downings, F. Gerald, «"Honor" among Exegetes», *The Catholic Biblical
Quarterly* 61 (1999): 53-73.

de fútbol de la ciudad, desde el automovilista «atrapado» en el semáforo al maestro reprendido ante sus alumnos, la sociedad occidental actual tiene sus propias fórmulas para mantener, perder o ganar respeto.[17]

Las enseñanzas bíblicas, si bien son generalmente aplicables y transferibles de forma global, fueron escritas en un contexto predominantemente de honra-vergüenza. Esto provee una valiosa noción para entender el contexto de las enseñanzas y para discernir mejor su interpretación. No quiere decir que otras culturas no pueden beneficiarse de las enseñanzas bíblicas por no ser de igual configuración cultural, solo que saber la distinción ayuda a comprenderlas mejor.

Según Jayson Georges, el honor y la vergüenza conforma una realidad socioteológica que afecta todas las facetas de la misión bíblica. El pueblo de Dios precisa discernir cómo encarnar y proclamar el honor salvador de Dios en contextos particulares. Pablo, Pedro y Juan enfrentaron este mismo desafío mientras pastoreaban la iglesia primitiva. Sus escritos (especialmente Romanos, 1 Pedro y Apocalipsis) ofrecen ejemplos bíblicos de misión en contextos de honor y vergüenza.[18]

Según Gerald Downings,[19] en el Evangelio de Lucas hay una serie de versículos que forman una unidad coherente (perícopa), cuyas principales preocupaciones son claramente el honor y la vergüenza.

Cuando fueres convidado por alguno a bodas, no te sientes en el primer lugar, no sea que otro más distinguido que tú esté convidado por él, y viniendo el que te convidó a ti y a él, te diga:

---

17. Downings, «"Honor" among Exegetes», 53-73.
18. Georges, Jayson, «The Good News for Honor-Shame Cultures», Lausanne Movement, 24 de agosto de 2023. https://lausanne.org/content/lga/2017-03/the-good-news-for-honor-shame-cultures
19. Downings, «'Honor' among Exegetes», 53-73.

Da lugar a este; y entonces comiences con vergüenza a ocupar
el último lugar. Mas cuando fueres convidado, ve y siéntate en
el último lugar, para que cuando venga el que te convidó, te
diga: Amigo, sube más arriba; entonces tendrás gloria delante
de los que se sientan contigo a la mesa. (Luc. 14:8-10)

Se trata de la vergüenza y el honor, tu lugar relativo con respeto
de los demás a tu alrededor y tu propia conciencia de ello. Y este es
un asunto de indiscutible y abrumadora importancia.[20]

También hacemos bien en admitir que, para el mundo mediterrá-
neo del primer siglo, el honor y la vergüenza eran opciones importantes que podían predominar.

Los documentos mediterráneos del siglo I muestran una conciencia de κενοδοξία: honor, fama o respeto vacíos o falsos. El término
κενοδοξία proviene de buscar el honor demasiado obviamente, de
fingir que a uno no le importa, cuando en realidad sí le importa.[21]

Seguir a Jesús significa adoptar el código de honor de Dios para
todas las áreas de la vida, aprendiendo a valorar lo que Dios considera
valioso. El honor imputado de Dios empodera a los cristianos para
resistir la desgracia cultural y vivir para la gloria de Su nombre, incluso
frente a la vergonzosa persecución (Hech. 5:41; 1 Ped. 4:13-15).[22]

Es interesante pensar en formas sugeridas para incorporar el
conocimiento de honor-vergüenza al cumplimiento de la misión en
la cotidianidad, sobre todo en el contexto de las interacciones de
liderazgo.

Resolución de conflictos. En culturas de honor, la confesión y
la reconciliación pueden no venir a través de una disculpa verbal;
más bien, quizás se hagan a través de acciones simbólicas. Todo

---

20. Downings, «"Honor" among Exegetes», 53-73.
21. *Ibid.*
22. Georges, «The Good News for Honor-Shame Cultures».

esto ya que se comunican indirectamente para evitar ser expuestos y dañar la reputación frente a otros. Las personas de culturas de honor reaccionan de manera más constructiva ante una situación de conflicto que las personas de culturas de inocencia, siempre que no sean insultadas.[23]

Pacificación. En contextos de honor-vergüenza, restaurar el honor es un requisito para la reconciliación. Las personas rompen una relación cuando se sienten irrespetadas; restaurar la relación promueve la paz. Los enfoques occidentales de la justicia punitiva exacerban la vergüenza al exponer al perpetrador. Sin embargo, la práctica de la «justicia restaurativa» enfatiza la reintegración a la comunidad y, por lo tanto, podría ser un enfoque más efectivo para la reconciliación en contextos sensibles a la vergüenza.[24]

Desarrollo y ayuda. La pobreza implica aislamiento social y vergüenza tanto como el hambre. Lo que se dé de forma gratuita intensifica la humillación. Los paradigmas emergentes parecen abordar la pobreza de manera más honorable. Según Mats Tunehag, hacer Negocios como Misión (Business as Mission, o BAM) es un mecanismo emergente bastante apropiado, ya que genera trabajos dignos.[25] El desarrollo comunitario basado en activos (ABCD) afirma el honor innato de las personas al comenzar con sus propios activos o con lo que ya tienen. El desarrollo efectivo aumenta el capital social de las personas.[26]

Alianzas. Los occidentales abordan las alianzas comunitarias o ministeriales de una manera similar a los contratos comerciales (por

---

23. Harinck, Fieke, Saïd Shafa, Naomi Ellemers, y Bianca Beersma, «The Good News about Honor Culture: The Preference for Cooperative Conflict Management in the Absence of Insults», *Negotiation and Conflict Management Research* 6, n.º 2 (2013): 67-78. https://doi.org/10.1111/ncmr.12007

24. Tunehag, Mats, «Business as Mission», *Lausanne Global Analysis* 2:5 (noviembre de 2013).

25. Georges, «The Good News for Honor-Shame Cultures».

26. Tunehag, «Business as Mission».

ejemplo, memorandos de entendimiento, objetivos definidos, contratos firmados). En contextos de honor-vergüenza, este enfoque con-
funde y puede hasta ofender a los demás, lo que implica una relación
mínima. Las relaciones financieras o comerciales deben dar cuenta
de la dinámica del apoyo que se da: los ricos tienen la obligación
moral de compartir con liberalidad, y los clientes corresponden con
recursos no materiales como el honor y la lealtad.[27]

---

27. *Ibid.*

12

LA HOSPITALIDAD
Y EL HONOR

La hospitalidad es un aspecto importante de las culturas de honor-vergüenza. Cuando visitas a alguien en ese contexto cultural, recibes una bienvenida espléndida y generosa. Además de la calidad de la hospitalidad, la cantidad también suele ser significativa. Las personas se visitan con regularidad, sin haberlo anunciado o planificado, y muchas veces es simplemente para sentarse a tomar el té o un cafecito.

Por eso es importante explorar el significado social de la hospitalidad y comprenderlo como un mecanismo para apalancar el código de honor. ¿Qué logra dentro de una relación? ¿Cuál es su significado social? Pero, primero, definamos «hospitalidad».

En las economías de mercado de Occidente, la hospitalidad a menudo se refiere al «negocio de proporcionar comida, bebida y alojamiento para los clientes». Incluso existe la frase «industria de la hospitalidad» (¡un oxímoron bastante revelador!).[1] La hospitalidad se expresa de manera muy diferente en contextos de honor-vergüenza. Tiene un significado más interpersonal; es recibir y entretener de forma amigable y generosa a invitados, visitantes o extraños. En muchas culturas, esto es mucho más que una comida

---

1. «Hospitality: The Social Meaning», Honor Shame, 8 de febrero de 2022. https://honorshame.com/hospitality-the-social-meaning/

pintoresca alrededor de la mesa. La hospitalidad puede implicar atención durante todo el día, quedarse a dormir e incluso proporcionar regalos a los invitados cuando se van.[2]

Vivir en una verdadera comunidad bíblica y practicar la hospitalidad radical significa centrarse en Cristo y en la vida creativa de hospitalidad e inclusión de Cristo. La autora Joan Maruskin, en su libro *Immigration and the Bible* [La inmigración y la Biblia], menciona que la hospitalidad radical bíblica «solicita a todas las personas que lleven vidas de amor, verdad y bondad al expandir deliberadamente las fronteras de sus corazones, mentes, hogares e iglesias, abriendo sus corazones, mentes y puertas».[3] La hospitalidad radical es una postura del corazón, no un cheque de apoyo. La misma autora se refiere a «dar la bienvenida al extraño a un lugar seguro, personal y cómodo; a un lugar de respeto, aceptación y amistad».[4]

Lo que logra la hospitalidad

Desde una perspectiva económica o comercial, la hospitalidad es bastante ineficiente e ilógica. ¿Por qué alguien compartiría alimentos y recursos, a menudo a un gran costo, sin recibir ningún pago a cambio? Para responder a esa pregunta, y según lo que dice el sitio en línea Honor Shame, se resumen a continuación tres funciones sociales de la hospitalidad.[5]

---

2. *Ibid.*

3. Maruskin, Joan M., *Immigration and the Bible: A guide for radical welcome* (Nueva York, NY: The United Methodist Church, 2012), p. 12.

4. *Ibid.*, p. 51.

5. «Hospitality: The Social Meaning», Honor Shame, 8 de febrero de, 2022. https://honorshame.com/hospitality-the-social-meaning/

La hospitalidad produce honor

La hospitalidad es un acto de patrocinio. El anfitrión (un tipo de padrino) comparte recursos con el invitado (un tipo de cliente). A cambio, el anfitrión recibe estatus y reconocimiento. La comida funciona como un regalo proveniente de una persona generosa. Proporcionar a las personas tales regalos crea una reputación positiva para el dador. Según Lamsa, «en Oriente, la fama de un hombre se extiende por medio de su mesa y su espléndida hospitalidad más que por sus posesiones. Extraños y vecinos por igual hablan comparando las mesas donde han sido invitados. Tales cuentos se extienden de una ciudad a otra y se transmiten de una generación a la siguiente».[6] Esto explica cómo la hospitalidad genera una cascada de honor a lo largo del espacio y el tiempo.

Lo contrario es igualmente cierto: no recibir a la gente produce vergüenza. Esto funciona en dos direcciones. Cuando los ricos no comparten alimentos, es una vergüenza abierta dentro de la comunidad. Pero también a nivel personal, cuando una persona es demasiado pobre para recibir a otros, siente vergüenza. Cuando el Banco Mundial preguntó a los pobres sobre la naturaleza de la pobreza, la gente se refirió a la vergüenza de no poder ofrecer pan y té a los demás.[7]

La hospitalidad crea relaciones

La hospitalidad transforma la identidad del huésped. El anfitrión recibe honor del evento, y el invitado se convierte, en esencia, en una «nueva persona». Estar en comunión y compartir el pan forman un vínculo relacional entre las personas. Esto es particularmente cierto cuando la hospitalidad se extiende a extranjeros y extraños. El huésped, cuando es un viajero o un extranjero, es una persona sin

---

6. *Ibid.*
7. *Ibid.*

identidad social. Es un desconocido fuera de su grupo social primario. Pero la hospitalidad funciona para reincorporar a esa persona a
la nueva comunidad local.

La hospitalidad revela el carácter

La hospitalidad funciona como un momento de revelación. Expone el
verdadero corazón de una persona. La hospitalidad expresa la piedad
o impiedad de uno. Este era un sentimiento común en el mundo
antiguo, entre griegos, romanos e incluso judíos. Filón de Alejandría
comentó acerca de Génesis 18: «La hospitalidad de Abraham no era
más que un subproducto de una virtud mayor. Esa virtud es la piedad». Jesús incorpora esta idea cuando envía a Sus apóstoles; ellos
serían capaces de reconocer a las personas que eran «dignas» en función de su nivel de bienvenida (Mat. 10:11-15).[8]

En resumen, la hospitalidad es tan importante porque logra mucho
socialmente. La hospitalidad produce honor, crea relaciones y revela
el carácter. Como creyentes, estamos llamados a participar de la hospitalidad radical. Según Maruskin, la hospitalidad radical les dice a
todos que son bienvenidos y que estamos listos para abrir nuestros
corazones y mentes para incluirlos como parte de esta comunidad.[9]
Es un llamado fuerte en la Biblia; más de tres docenas de veces, Dios
ordena que a tres categorías de personas se las trate con gran amor,
bondad y respeto: la viuda, el huérfano y el extranjero.[10] En este
sentido, las realidades globales de la movilización, la migración y los
refugiados brindan oportunidades para actuar con hospitalidad. Se
estima que, para fines de 2022, 108.4 millones de personas fueron
desplazadas por la fuerza en todo el mundo como resultado de la
persecución, el conflicto, la violencia o las violaciones de los derechos
humanos. Esto incluye:

---

8. *Ibid.*
9. Maruskin, *Immigration and the Bible,* p. 10.
10. *Ibid.,* p. 35.

- 35.3 millones de refugiados,
- 62.5 millones de desplazados internos,
- 5.4 millones de solicitantes de asilo, y
- 5.2 millones de personas necesitadas de protección internacional.[11]

Algunas formas prácticas de hospitalidad

Entre las muchas formas, acá se describen brevemente tres maneras prácticas de abrazar la hospitalidad y honrar a los más vulnerables:

Hacer el esfuerzo de aprender sobre la cultura de los inmigrantes o refugiados. Enseña a los recién llegados que realmente se preocupan por ellos. Valida su ser, aumenta la confianza en sí mismos y les hace saber que son bienvenidos tal como son. Ambas partes se enriquecen aprendiendo sobre el estilo de vida, las costumbres, los modales y las tradiciones del otro. En una oportunidad, algunos de los miembros de un equipo global de una organización le manifestaron a uno de sus miembros su interés en conocer más sobre su cultura. Luego de indagar sobre su comida favorita, procedieron a buscar un restaurante local y, con mucha intencionalidad, fueron juntos allí a probar y experimentar los gustos tan autóctonos. Aunque fue un acto sencillo, fue una forma de honrar y hacer sentir a esa persona que vale y que su cultura también es valiosa.

Abrir oportunidades de estudio para inmigrantes. El estudio siempre es una buena causa que permite servir con eficacia. Tanto las iglesias e instituciones que ofrecen clases del idioma nativo, como los institutos de formación (tecnológicos, universitarios, etc.) que ofrecen becas o formación de bajo costo, entre otras iniciativas,

---

11. «Refugee Statistics», USA for UNHCR. The Un Refugee Agency. https://www.unrefugees.org/refugee-facts/statistics/#:~:text=Global%20Trends%20At%2Da%2DGlance&text=This%20includes%3A,5.4%20million%20asylum%20seekers

logran suplir una maravillosa necesidad de integración cultural para personas de otras culturas. Al hacerlo, no solo se está acercando a esas personas, sino que también se está generando un fascinante intercambio cultural que las habilita para la vida y el trabajo allá afuera.

El espigueo como mecanismo de generosidad habilitante.

> Cuando llegue el tiempo de la cosecha, no sieguen hasta el último rincón de sus campos ni recojan todas las espigas que allí queden. No rebusquen hasta el último racimo de sus viñas, ni recojan las uvas que se hayan caído. Déjenlas para los pobres y los extranjeros. Yo soy el Señor su Dios. (Lev. 19:9-10, NVI)

Qué importante es ofrecer oportunidades para que las personas puedan trabajar, utilizar sus talentos y proveer para sus familias. Cuando un cristiano que es dueño de un taller de reparación de automóviles decide contratar y enseñar los «gajes del oficio» a un joven refugiado en su comunidad, nos enseña una gran lección de lo que es la hospitalidad radical en el contexto actual y según la perspectiva bíblica del espigueo.

Según Aimee Minnich, en las Escrituras vemos al menos cuatro usos de capital recomendados. Normalmente, estamos familiarizados con los primeros tres: caridad, diezmo e inversión tradicional para obtener ganancias. Todos estos son dignos de nuestro esfuerzo y dinero, pero existe un cuarto uso, y se llama espigueo. Es uno de los usos de capital más importantes y menos abordados.[12]

---

12. Minnich, Aimee, «What Is Gleaning?», Faith Driven Investor, 12 de mayo de 2020. https://www.faithdriveninvestor.org/blog/2019/9/30/what-is-gleaning-aimee-minnich

En el libro de Rut, vemos cómo esta moabita recogió espigas de trigo de los bordes del campo del empresario agricultor Booz. Booz estaba siguiendo el mandato de Levítico 19:9-10 de permitir que los extranjeros y los necesitados espigaran o recogieran lo que se caía.

El Theology of Work Project [Proyecto de la Teología del Trabajo] explica que la recolección (o espigueo) es un proceso en el que los propietarios de tierras tienen la obligación de proporcionar a las personas pobres y marginadas acceso a los medios de producción (en Levítico, la tierra) y trabajarla ellos mismos. A diferencia de la caridad, no depende de la generosidad de los terratenientes. En este sentido, se parecía mucho más a un impuesto que a una contribución caritativa. Además, a diferencia de la caridad, no se daba a los pobres como pago por subsidio o beneficio (transferencia). A través de la recolección o espigueo, los pobres se ganaban la vida de la misma manera que lo hacían los terratenientes, trabajando los campos. Era simplemente un mandato de que todos tenían derecho a acceder a los medios de provisión creados por Dios.[13] En palabras simples, es hacer disponible los activos o medios para producir a extranjeros y necesitados, pero ellos tienen que trabajarlos. No se les dará dinero ni especias que no hayan obtenido ellos mismos.

Quizás no veas cómo esto es aplicable a nuestra economía moderna, sin embargo, la recolección es instructiva para todos nosotros porque tiene que ver con la «provisión» de Dios. Se trata entonces de ceder un espacio que Dios nos ha encargado y que nos pide que demos en concesión para que otros trabajen y se ganen su pan, honrada y esforzadamente, sabiendo que Dios tiene una mejor perspectiva del ciclo de provisión y bendición para nosotros y nuestros negocios. A través de esta práctica restaurativa, se contribuye a que las personas que participan recobren un sentido de honor y valía al poner en

---

13. *Ibid.*

práctica sus capacidades, trabajar con honradez y esfuerzo, acceder a la provisión para sus familias y experimentar la gracia de Dios en sus vidas.

Hoy en día hay empresarios que practican, de diversas maneras, el espigueo. Por ejemplo, algunos, pudiendo ser más eficientes u obtener más ganancias en sus negocios, prefieren seguir funcionando con menos dividendos para poder dar más medios de trabajo a personas y familias que, de lo contrario, no tendrían qué comer. Un empresario decidió invertir en un negocio en una zona peligrosa, a pesar de saber que tendrían costos operativos más altos. De esta forma, está proporcionando trabajo y dignidad, y también reduciendo el riesgo de que las personas de la zona tomen rutas viciosas poniendo como excusa la falta de oportunidades de trabajo.

Las decenas de miles de refugiados norcoreanos que encuentran su camino hacia Corea del Sur enfrentan dificultades para encontrar empleo e integrarse en un país desconocido, a menudo hostil, que todavía está técnicamente en guerra con el suyo. La situación no es mucho mejor para los casi 30 000 refugiados norcoreanos en China, que enfrentan un peligro constante de deportación y donde hasta el 90 % de las mujeres refugiadas terminan vendidas como esclavas o en el comercio sexual. Tal como compartió en su relato en la reunión de Lausana, la señorita Yoo se dio cuenta de que el amor de Cristo por estos refugiados necesitaba hacerse más tangible y práctico en sus vidas. Entonces, comenzó una nueva aventura: contratarlos y capacitarlos como empleados en su restaurante. Pronto vio cómo un ingreso estable les abría las puertas a otras oportunidades como la educación, la amistad y la integración en la sociedad surcoreana. Lo más importante, sus corazones comenzaron a interesarse por Dios. Se preguntaban: «¿Quién es este Dios al que sirven estas personas de buen corazón? Nosotros también queremos conocerlo». Hasta el día de hoy, la señorita Yoo dona gran parte de sus ganancias para ayudar a los norcoreanos y continúa contratando refugiados que tienen dificultades para encontrar trabajo.[14]

¡Qué bueno es conocer y articular este mecanismo divino de generosidad en la cotidianidad empresarial! Y tú, ¿cómo puedes practicar el espigueo en tu propia empresa o plataforma profesional?

14. White, Sara Kyoungah, «Reaching North Korea through Faith and Work», Lausanne Movement, 28 de agosto de 2022. https://lausanne.org/about/blog /reaching-north-korea-through-faith-and-work

13

CONVERSACIONES DE HONOR

En el libro *LÍDER excepcional, COACH transformacional* que escribí con el Dr. Arnoldo Arana, nos referimos a algunas de las declaraciones que con frecuencia encontramos en el mundo organizacional: «No me gusta lo que hago», «En mi actual puesto de trabajo, no tengo oportunidades de desarrollo», «Este trabajo me aburre; estoy cansado de esta rutina», «No tengo o no percibo perspectivas de desarrollo en esta organización», «Estoy trabajando en esta organización mientras consigo algo mejor o más retador». El resultado de esta situación es frustración, falta de compromiso, desmotivación, cinismo laboral, baja satisfacción de los clientes internos y externos, alta rotación de personal, baja productividad y baja efectividad en el desempeño del trabajo.[1]

Ante esta realidad, tiene mucho sentido la creación intencional de culturas de honor que faciliten que la gente se exprese con sinceridad y a tiempo, y sobre todo, que se conformen espacios emocionalmente expansivos, y para el desarrollo y el crecimiento tanto personal como profesional. La idea es propiciar un clima que posibilite que todos puedan desplegar su identidad, su talento, su capacidad para actuar y su potencial. Pero para eso es necesario medir cuán competente se es en lo conversacional.

---

1. Sampedro y Arana, *LÍDER excepcional* (COACH transformacional, 2020), p. 28.

Conversaciones extraordinarias

Los líderes requieren comunicarse de forma efectiva. Saben hilar conversaciones y llevarlas hacia lo transformativo y significativo. En esta era de tanta rapidez en la que vivimos, el líder que logra efectividad conversacional y logra instalar competencias conversacionales en su gente se destaca en su gestión. Paradójicamente, el autor Javier Martínez se refiere a la poca atención que le prestan muchas organizaciones de hoy al fenómeno conversacional, y menciona que «en cualquier institución, se lleva un control exhaustivo de las materias primas, de los productos, de los datos que circulan por las redes e incluso de las personas, pero rara vez de las conversaciones entre esas personas». Todo líder ha de preguntarse: ¿Está la gente conversando en la organización? ¿De qué están conversando? ¿Cómo sacar provecho de esas conversaciones? ¿Cómo lograr que esas conversaciones se conviertan de ser potencialmente nocivas a ser continuamente empoderantes?

La conversación es demostrativa de la inteligencia humana, y en el caso del creyente, se evidencia la gracia de Dios. El reto del liderazgo es lograr optimizarla. En este sentido, el líder ha de posicionarse primero como aquel capaz de entablar, sostener y facilitar diálogos coherentes, inteligentes, efectivos y transformadores; ya sea en el ámbito real o virtual, o en la mezcla de ambos. Seguidamente, el desafío es la creación de un ecosistema conversacional en la organización con esas mismas características. Es decir, lograr que la gente sepa cómo conversar con efectividad.

Según el mismo Martínez, conversar no es intercambiar información para tomar decisiones. Conversar, como proclama Francisco Maturana, es construir y transformar la realidad junto con el otro.[2] Cuando conversamos, abrimos universos desde la exploración de la realidad, clarificamos aspiraciones, generamos opciones desde

---

2. Javier Martínez, «El papel del tutor en el aprendizaje virtual», (UOC, 2004). http://www.uoc.edu/dt/20383/index.html

la creatividad, retamos a mejores estados de existencia, cerramos procesos hacia la convivencia, logramos metas, entusiasmamos, en fin, moldeamos nuestras vidas y transformamos la cultura en la que nos movemos. El rey Salomón sabiamente declaró que el «hierro con hierro se aguza; y así el hombre aguza el rostro de su amigo» (Prov. 27:17); es decir, a través de la interacción, el roce conversacional, el intercambio intencional y el diálogo (no en aislamiento), los seres humanos mejoran su condición.

Desde esta perspectiva, concebir lo conversacional como una competencia es un factor decisivo para la gestión en el liderazgo, y exige diversos contribuyentes, desde pautas muy básicas hasta técnicas avanzadas que requieren intencionalidad y esfuerzo. Veamos a continuación algunas de ellas.

Pautas conversacionales básicas

¿Cuántas personas han asistido a un curso, tomado una clase en la universidad o sido entrenadas para conversar con efectividad? No nos referimos a cursos de comunicación avanzada o estratégica, ni locución, ni vocería, sino a estar equipado para los asuntos básicos de las conversaciones más cotidianas.

Seguir las normas del buen oyente y normas del buen hablante

Recuerdo en la preparatoria, justo antes de iniciar la primaria, en mi natal Venezuela, nos enseñaron las normas más básicas de respeto conversacional. Me pregunto cuántas de ellas realmente uso de forma efectiva. Igualmente, cuántas personas podrían ser liberadas de un sinfín de problemas si tan solo pudiesen usar medianamente estas normas tan valiosas. A continuación, se enumeran algunas:[3]

---

3. «Normas del buen hablante y del buen oyente», caracas.com.ve. https://caracas .com.ve/blog/normas-buen-hablante-buen-oyente/

Normas del buen hablante o emisor

1) Mirar a los ojos de la persona que nos escucha.
2) Pensar lo que se va a decir antes de hablar.
3) Hablar en un tono de voz moderado.
4) Mantener gestos corporales acorde a lo que estamos hablando.
5) Utilizar palabras moderadas, es decir, no usar groserías.
6) Ser amable y respetuoso al hablar.
7) Dejar hablar a la otra persona cuando lo solicita.
8) Pronunciar las palabras de forma correcta.

Normas del buen oyente o receptor

1) Mirar a los ojos de la persona que nos habla.
2) Esperar que el hablante termine de expresar una idea antes de responder.
3) Mantener gestos corporales de tranquilidad y no mostrarte inquieto.
4) Ser amable y respetuoso al escuchar al hablante.
5) No reír si la persona está seria cuando nos habla.
6) No interrumpir al hablante.
7) Pedir permiso si quieres aportar una idea al mensaje.
8) Demostrar al final que el mensaje se ha entendido.

Estas normas, lejos de abarcar todos los aspectos necesarios para la comunicación efectiva en el contexto del liderazgo, resultan ser una valiosa plataforma o base elemental para iniciar y sostener conversaciones de honor.

Enfocarse en los intereses de los demás

Enfocarse en los intereses de los demás es una forma de honrarlos. Dale Carnegie, en su libro *Cómo ganar amigos e influir sobre las personas,* sugiere prestar atención a uno de los mejores consejos que jamás se han dado en cuanto al arte de las relaciones humanas: «"Si hay un secreto del éxito —dijo Henry Ford— reside en la capacidad para apreciar el punto de vista del prójimo y ver las cosas desde ese punto de vista, así como del propio". Es tan sencillo, tan evidente, que cualquiera debería apreciar a primera vista la verdad que encierra; sin embargo, el noventa por ciento de la gente de la tierra lo ignora el noventa por ciento de las veces».[4]

El mismo Carnegie comenta el efecto que tuvo una carta usada en un contexto comercial real, y una alternativa que él propone para enfocarse en los intereses de los demás. Fue escrita por el superintendente de una gran estación ferroviaria de carga a un estudiante de este curso, el Sr. Edward Vermylen. ¿Qué efecto tuvo esta carta en el hombre a quien fue dirigida? Leámosla y después lo diré.

A. Zerega's Sons, Inc., 28 Front Street, Brooklyn, N. Y. 11201
Atención:
Sr. Edward Vermylen.

Apreciados señores: Las operaciones en nuestra estación receptora de fletes para afuera son dificultosas porque una amplia proporción del movimiento total se nos entrega muy avanzada la tarde. Eso tiene por resultado congestiones, trabajo extraordinario para nuestro personal, retraso de los camiones y, en algunos casos, retraso del despacho de las consignaciones. El 10 de noviembre recibimos de esa compañía un lote de 510 piezas, que llegó aquí a las 16:20. Solicitamos su cooperación para impedir los efectos indeseables que surgen de la recepción tardía de consignaciones. Nos permitimos solicitar que, en los días en que envíen ustedes un volumen de mercadería como el que se recibió en la fecha mencionada, realicen un esfuerzo para hacer llegar más

---

4. Carnegie, Dale, *Cómo ganar amigos e influir sobre las personas* (México: Sudamericana, 1979), p. 22.

temprano el camión o entregarnos parte de la carga por la mañana. Ustedes obtendrían de tal cooperación la ventaja de una descarga más rápida de sus camiones, y la seguridad de que sus consignaciones serán despachadas en el día de su entrega en la estación.

Su seguro servidor,

J... B....

Superintendente.

Después de leer esta carta, el Sr. Vermylen, gerente de ventas de la casa A. Zerega's Sons, Inc., me la envió con el siguiente comentario: «Esta carta tuvo el efecto contrario del que se deseaba. La carta comienza describiendo las dificultades de la estación, que, en general, no nos interesan. Se pide luego nuestra cooperación, sin pensar en los inconvenientes que eso puede causarnos, y por fin, en el último párrafo, se menciona que, si cooperamos, podremos obtener la descarga más rápida de nuestros camiones, y la seguridad de que nuestros envíos serán despachados en la fecha de su entrega en la estación. En otras palabras, lo que más nos interesa es lo mencionado al final, y el efecto total de la carta es el de despertar un espíritu de antagonismo, más que de cooperación».

Veamos si podemos escribir mejor esta carta. No perdamos tiempo hablando de nuestros problemas. Según aconseja Henry Ford, comprendamos el punto de vista de la otra persona y veamos las cosas desde ese punto de vista, así como del nuestro. Demos una muestra de la carta revisada. Quizás no sea la mejor, pero ¿no es mejor que el original?

Sr. Edward Vermylen

c/o. A. Zerega's Sons, Inc.,

28 Front Street, Brooklyn, N. Y. 11201

Estimado Sr. Vermylen:

Su compañía es uno de nuestros buenos clientes desde hace catorce años. Naturalmente, agradecemos sobremanera ese patrocinio y ansiamos darle el servicio veloz y eficiente que merece. Lamentamos decir, sin embargo, que no nos es posible hacerlo cuando sus camiones nos hacen llegar una gran partida de mercadería en las últimas horas de la tarde, como ocurrió el 10 de noviembre. Sucede así porque muchos otros clientes hacen también sus entregas en las últimas horas de la tarde y, naturalmente, esto produce una congestión. Como resultado, sus camiones quedan inevitablemente detenidos en la estación, y a veces hasta se retrasa el envío de las mercancías al interior. Esta es una grave dificultad. ¿Cómo se puede evitar? Haciendo sus entregas en la estación por la mañana cuando les sea posible. Eso facilitará el movimiento de sus camiones, sus envíos obtendrán inmediata atención, y nuestro personal podrá retirarse temprano a gozar de una comida con los deliciosos productos que ustedes fabrican. Cualquiera que sea el momento en que lleguen sus envíos, haremos siempre todo lo posible por servirlos con rapidez. Sé que usted está muy ocupado. Sírvase no molestarse en contestar esta nota.

Lo saluda atte.

J... B...

Superintendente.[5]

El arte de dar y recibir, ofrecer y pedir

Usualmente, la conformación de equipos de alto desempeño es un proceso intencional y viable de enseñanza y aprendizaje multidimensional. El autor Loya comenta que «todos los miembros deben aprender a trabajar en equipo. La mayoría de las veces no se nos ha enseñado a trabajar como equipo, ni en casa, ni en la escuela.

---

5. *Ibid.*

Estamos acostumbrados a trabajar solos y aislados, a cuidar nuestro trabajo sin que otros se enteren de lo que hacemos, hasta que mostramos un resultado para que nos alaben».[6] La clave para marcar la diferencia en la conformación de equipos de resultados superiores es generar una sinergia que inicia en lo individual y se extiende hacia la sinergia de equipo. Al respecto, Loya comenta que «lo primero que debe aprenderse es perder el miedo a compartir y permitir que todos conozcan nuestro trabajo. Cuatro son los aspectos que deben aprenderse como base: dar y recibir, ofrecer y pedir. Muchas personas están dispuestas a dar si se les pide; otras están dispuestas a recibir si se les ofrece. Por eso, debe también aprenderse a ofrecer cuando otros necesitan de uno sin esperar a que se lo pidan, y a pedir cuando uno necesita de otros».[7] El sentido superior de trabajo colaborativo en equipos de alto desempeño y cohesión, usualmente se inicia a un nivel de interacción humana que, aunque parece básico y elemental, implica tomar conciencia profunda de sus elementos y tener apertura genuina al intercambio.

Competencias conversacionales

En general, en la formación profesional a cientos de *coaches* de liderazgo que he tenido la oportunidad de impulsar desde Global Leadership Consulting desde 2005, es habitual trabajar para ayudar a líderes/*coaches* a desmontar estructuras conversacionales que erosionan continuamente la confianza, el potencial y la autoestima, y que lastimosamente han creado culturas organizacionales tóxicas.

Bajo esta perspectiva, el *coaching* ha sido una herramienta poderosa para generar estos ámbitos de interacción humana, que implican inspirar a conversar efectiva y significativamente tanto en lo formal

---

6. Loya, S. F., *Liderazgo en el comportamiento organizacional* (México: Editorial Trillas, 2006), pp. 63.
7. *Ibid.*, p. 64.

como en lo informal. El *coaching* implica la construcción de un sistema conversacional de profundo arraigo, transformador y habilitador para el desarrollo del potencial de las personas.[8]

Para hacer fluir conversaciones de liderazgo que sean más efectivas y generen una cultura de honor, a continuación, se refieren algunas prácticas o competencias importantes en la materia:

Estar presente durante las conversaciones. Aun en medio de tantas exigencias de tiempo y la tendencia a la multitarea. Escuchar es un regalo muy valioso que todo líder/*coach* le ofrece a su *coachee*/seguidor. Esto honra al seguidor, ya que al prestarle genuina atención se le está diciendo: «Eres importante, te escucho». La presencia se trasmite y se percibe. Recordemos que las distracciones de la mente se evidencian en lo conversacional; por ejemplo, cuando una persona mira mucho el reloj esta quizás diciendo que el tiempo es importante. La presencia se muestra a través de la atención, y esta a su vez se demuestra al asentar, afirmar, reiterar o preguntar para seguir el hilo conversacional. Incluso el lenguaje corporal dará señales de que se está prestando atención o no.

Escuchar de forma activa. Escuchar es un regalo muy valioso que todo líder les ofrece a las personas a su alrededor; es una forma particular de generosidad. Escuchar es una de las formas más fantásticas de generosidad; es un mecanismo de honra ya que, al prestarle genuina atención a alguien, se le está diciendo: «Eres importante, te escucho». Escuchar de forma activa implica tomar consciencia de los intereses y las necesidades del otro, y estar atento a cada detalle de lo que se dice, de cómo se dice; así también como a la posibilidad de preguntar más para aclarar o profundizar.

Parafrasear con efectividad. Asegurar, a través de repetir o reafirmar, que lo que se cree haber escuchado fue lo que realmente quiso decir la otra persona. Además, es una muestra de que estamos

---

8. Sampedro y Arana, *LÍDER excepcional* (COACH transformacional, 2020), p. 18.

metidos en la conversación y que estamos interesados en entender para poder ayudar. Parafrasear procurando usar las mismas palabras no solo sirve para chequeo y confirmación, sino también como caja de resonancia al proceso. Esto brinda la oportunidad de escucharse de vuelta y tomar conciencia de lo dicho.

Formular preguntas poderosas. Las preguntas son un vehículo para la transformación conversacional. Preguntar ocurre para que la persona se dé cuenta de ciertas cosas y luego haga algo al respecto. Se pregunta para ayudar a la persona a explorarse a sí misma, a explorar las circunstancias que la rodean, a explorar su futuro deseado y a decidir en torno al anterior. En primer lugar, explorarse a sí mismo implica descubrir las motivaciones, los valores y las perspectivas desde las que parte para aspirar al logro de alguna meta o avanzar en alguna dirección en particular. Luego, en segundo lugar, explorar las circunstancias implica visualizar la realidad desde varias aristas en búsqueda de nuevas y enriquecedoras perspectivas que alumbren la toma de conciencia y evoquen posibles planos de acción. En tercer lugar, explorar el futuro deseado implica visualizar posibilidades anheladas en medio de futuros alternativos, y por último, generar compromisos con el curso de acción con mayor resonancia para alcanzar ese futuro deseado. En esas cuatro progresiones, son las preguntas las que facilitan el entrar y el hacer la transición de manera apropiada a lo largo de las mismas, estructurando con sensatez las conversaciones de manera tal que se aproveche el potencial de los colaboradores. Cuando algo no queda claro o se percibe alguna oportunidad de profundización en la conversación, el líder no da nada por sentado, sino que interviene al preguntar con curiosidad, neutralidad e intención.

Acompañar con efectividad. Esto proviene de una intención mutua de hacer chequeos y adecuaciones progresivas y cotidianas hacia la consecución de las metas acordadas. No se trata solo de caminar al lado de alguien, sino de entender la intención y el ritmo. Es acompañar y acompasar, es llevar el ritmo del avance con presencia y con cuidado. Muchas personas hieren conscientemente a otras y se escudan en la famosa frase: «Yo prefiero decir las cosas como son para evitar problemas». Sin embargo, no es solo lo que se dice lo que vale, sino también cómo se dice.

Evitar juicios de valor. Un líder procura siempre honrar a sus seguidores y evitar los juicios de valor. Aunque puede que el líder no siempre esté de acuerdo con el sistema de pensamiento y acción de su seguidor, siempre será posible generar conversaciones transformadoras con el fin de nutrir sus procesos para que sean cada vez más coherentes y estén mejor alineados con un sistema de valores que traiga bienestar integral.

Evitar aconsejar cuando no hace falta. Es importante interactuar desde las premisas de funcionalidad y potencialidad de la otra persona, al considerar que es capaz de pensar, sentir y actuar por sí misma en función de su propósito y de sus objetivos planteados. Es estar convencido de que la persona es capaz o puede adquirir lo que necesita para avanzar con éxito en la vida. Aconsejar es muy riesgoso; en parte, porque suele estar basado en el propio y limitado juicio que pueda tener un líder sobre un asunto. Por ejemplo, el *coaching* funciona permitiendo la autoexploración, sin consejos de por medio, lo cual le permite a quien recibe *coaching* tomar responsabilidad, explotar la creatividad y adquirir confianza al actuar hacia la búsqueda de soluciones, más allá de lo que lograría por sí mismo.

Cada uno es experto en su propia vida. Es preciso reconocer que nadie sabe más de su propia vida que la propia persona. Cada persona sabe cómo han funcionado y funcionan las cosas de verdad en su dinámica de vida. En este sentido, es importante reconocer con profunda convicción que la respuesta o solución pertenece a la otra persona, y por eso una forma de honrar a la persona es negarse a la transferencia de esa responsabilidad.

Cuando se aconseja, en el fondo, lo que realmente se le dice a la persona es: «Déjame que yo, que entiendo de la vida y la realidad de las cosas, te diga a ti, que no sabes cómo resolver tu vida ni descifrar lo que te está pasando, qué es lo que tienes o debes hacer». Así, quien da consejo erosiona la percepción de virtud y honra de la persona, ya que se sitúa en un plano superior de «yo sí sé, tú no sabes». Pero la realidad es que nadie como la propia persona sabe más sobre su vida.

Es una osadía pensar que, después de escuchar a una persona unas horas (incluso minutos), se logre hacer un buen *resumen ejecutivo* de toda su vida en tan poco tiempo y, además, se pretenda decirle cómo resolver su vida o qué hacer.

Por otra parte, cuando se ofrecen soluciones y recetas del tipo «esto es lo que deberías hacer», se suelen utilizar los propios filtros para aconsejar (mapas, percepciones, experiencias y creencias); pero las recetas que funcionan para quien da el consejo no necesariamente funcionan para el aconsejado, pues la realidad, la experiencia, los valores y las competencias del aconsejado quizás sean diferentes de las del consejero.

Es importante abordar el fenómeno conversacional dejando a un lado la tentación de ser el «Sr. Arreglatodo», pues su rol en vez de ser el de solucionador de problemas, ha de ser más de catalizador de la conciencia, de facilitador del autoaprendizaje y de habilitador de los procesos de cambio en la otra persona.[9]

Los dos minutos de atención. Por naturaleza, soy un «hacedor». Eso significa que me energiza hacer cosas. Por lo regular, me meto en más proyectos de los que puedo manejar, pero lo hago porque eso me energiza y me hace sentir la emoción de la vida. El asunto con esta forma de ser es que puedo llegar a colocar las relaciones en un segundo plano por estar tan enfocado en lograr cosas. Lo bueno es que me he dado cuenta de eso; sin embargo, he tenido que trabajar en balancear ambas cosas, ya que las dos son importantes: hacer y conectar, resultados y personas.

El asunto es que los líderes con esta misma tendencia a enfocarse en los resultados corren el riesgo de atropellar constantemente a las

---

9. *Ibid.*, p. 77.

personas (en lo conversacional y relacional), aun sin darse cuenta de que lo están haciendo. Incluso parecen estar inmersos en el paradigma del falso éxito organizacional en el que estar ocupado o apurado parece sinónimo de ser importante o efectivo, y ese paradigma está minando y destruyendo culturas de liderazgo. Un antídoto para líderes ocupados (mayormente los hacedores) es aprender a usar la técnica de los dos minutos de atención plena.

Tuve una experiencia transformadora, un poco cómica y de gran aprendizaje con esta práctica. Hace algunos años, participé en una formación de liderazgo espiritual en la que éramos instruidos por un material del Dr. Adrian Rogers y su valioso ministerio de «El amor que vale». Allí, él hablaba sobre un hábito que había desarrollado y que le había traído buenos resultados adonde iba, sobre todo en su apretada agenda como líder mundialmente reconocido. En momentos de apuro, cuando alguna persona se le acercaba y él sabía que no tendría tiempo para dedicarle mucho tiempo, el Dr. Rogers decidía de antemano invertir en la persona un par de minutos. Pero no eran dos minutos cualquiera, sino dos minutos intencionales, de completa presencia y atención plena. Aunque en ese tiempo no se lograba siempre resolver todo, sin duda le daba a la persona el sentido de valía y de escucha activa que la conectaría con una potencial reunión de seguimiento en caso de que fuese necesaria.

Años más tarde, tuve la oportunidad de conocer personalmente al Dr. Rogers y asistir con él a una conferencia de liderazgo. Justo al terminar, nos acercamos a su podio para conocerlo y para agradecerle todo lo que me había bendecido su vida, su liderazgo y sus enseñanzas. Allí pude ver que entre cientos de personas se dedicó a mirarnos a la cara, a mi padre y a mí, a escucharnos, nos invitó a sentar, prestó atención a lo que le decíamos, hizo un espacio para nosotros. Esto nos bendijo porque nos sentimos escuchados plenamente. Creo que fueron un poco más de dos minutos, pero sinceramente nos hizo sentir como pocas veces otros líderes a quienes nos hemos acercado nos han hecho sentir. Lo peculiar del caso fue que al final de nuestra breve conversación, le pedimos tomarnos una foto con él; esto fue en la época en la que no había fotos digitales. Al ir a revelar el rollo fotográfico, descubrí que no había rollo y que nuestra foto solo había quedado en nuestra memoria. Cuando escuché su enseñanza acerca de los dos minutos, identifiqué cómo eso fue exactamente lo que hizo cuando nos atendió: nos dedicó unos minutos de completa atención y nos hizo sentir apreciados, valorados y amados. Qué poderoso es enfocarse en escuchar, agradecer y estimar a las personas que se nos acercan. Puede que una persona quiera conversar algo contigo, y puede que no tengas todo el tiempo del mundo, pero si puedes sacar un breve espacio para enfocarte en ella, seguro eso puede hacer una gran diferencia en su vida.

Dejar a la gente en alto en las conversaciones. Por muchos años, he compartido, diseñando e implementando soluciones educativas para líderes alrededor del mundo, y la mayor parte ha sido junto al doctor Arnoldo Arana. Uno de los criterios que hemos afianzado ha sido el de siempre dejar a las personas en alto al culminar cualquier cosa que hagamos, sea esto entrenamiento, *coaching*, conversaciones o materiales de desarrollo. Puede que durante el proceso de los entrenamientos o las conversaciones emerjan diferentes momentos emocionales, momentos didácticos, preguntas, retos, etc.; pero lo más importante para nosotros ha sido asegurar un buen cierre. Esto no significa que el inicio, el desarrollo y el poder resumir al final de la conversación lo que ocurrió en la interacción no sea importante. Lo cierto es que las personas recordarán más el cierre. Nos hemos propuesto asegurarnos de que las personas se queden con un cierre que las inspire, las anime, las afiance, las afirme, las rete y las haga ver de lo que son capaces. No importa lo que atravesemos en una conversación potenciadora con otros; nuestra misión conversacional es inspirar a las personas a ir por más, a confiar en las capacidades que han sido depositadas en su vida y a moverse con entusiasmo hacia sus aspiraciones de vida. Es importante que los líderes trabajen la forma en cómo cierran las conversaciones. Te pregunto: ¿cómo cierras tú las conversaciones? Te invito a ampliar tu repertorio o vocabulario de ánimo, de apoyo y afirmación hacia las personas con las que cotidianamente interactúas, y recuerda proponerte dejarlas siempre en alto.

Cerremos entonces diciendo que la conversación es más que un evento fortuito; es una serie de intercambios intencionales que tienen el potencial de generar bienestar, trasformación y honor. La sumatoria de conversaciones transformadoras impactan el sentido total de coherencia organizacional, pero sobre todo, levantan el espíritu humano a nuevas alturas, y por eso han de tomarse en serio para la optimización de la gestión en el liderazgo. ¿Cómo van tus conversaciones?

14

LIBERAR EL POTENCIAL Y EMPODERAR

La gestión basada en fortalezas

En buena medida, la cultura empresarial está más dirigida a corregir defectos y debilidades (lo cual es una tarea difícil) que a desarrollar los talentos naturales, lo cual implica aprovechar aquello en lo que cada uno ya es bueno. Una parte importante de las personas ocupan la mayor parte de su tiempo laboral desempeñándose en tareas que no están relacionadas con sus talentos y habilidades naturales, y no en aquellas áreas en las que realmente son buenas. El resultado de esta forma de operar es que el trabajador no alcanza su máxima productividad, no se identifica con su trabajo, no trabaja motivado, no explota su creatividad ni desarrolla su potencial.

Los autores Clifton y Buckingham definen el talento como un patrón recurrente de pensamiento, sentimiento o comportamiento que puede aplicarse de manera productiva. El énfasis está en la palabra *recurrente*. Los talentos son comportamientos que la persona manifiesta habitualmente; representan su forma de ser y hacer. El talento es la habilidad que la persona expresa de manera natural, casi sin esfuerzo.[1]

---

1. Buckingham, Marcus, y O. Clifton, Donald, *Ahora, descubra sus fortalezas* (Bogotá, Colombia: Editorial Norma, 2010).

Ahora, no basta con tener un talento para lograr una fortaleza. Una fortaleza es el desempeño casi perfecto de alguna actividad. Se necesita adicionalmente invertir en el talento para convertirlo en fortaleza, añadiéndole destreza y conocimiento a través del aprendizaje y la práctica.

Adicionalmente, es necesario encontrar la concordancia entre los talentos y la función realizada. Las fortalezas están asociadas al desempeño de actividades específicas. De nada le sirve un talento para las relaciones (conexión) a una persona que trabaja como programadora de computadoras. Pero ese talento desarrollado a través de la práctica y el aprendizaje es poderoso para la gestión de un relacionista público en una organización.

Entonces, la gestión basada en fortalezas, tal como ha sido descrita, es un mecanismo de honra, ya que con intencionalidad contribuye a identificar y apalancar las capacidades innatas de la persona. Además, la invita y acompaña en el proceso de su afinamiento, optimización y aplicación práctica. Este esquema es más efectivo, puesto que, en el área de los talentos, las personas están más motivadas para aprender, disfrutan más lo que hacen, y además aprenden con mayor facilidad. El talento representa la mayor potencialidad para la efectividad con que cuentan las personas, pero es importante convertirlo en fortaleza.

La reina de Katwe

La reina de Katwe es la historia plasmada en una película que describe la vida de Phiona Mutesi, una niña que vive en Katwe, un barrio marginal de Kampala, la capital de Uganda. Es una historia inspiradora de alguien que vio en una niña un talento que ella misma no sabía que tenía hasta usarlo de forma productiva.

La vida en Katwe es una lucha constante para Phiona, de diez años, su madre Nakku Harriet y los miembros más jóvenes de su familia. Ella y su hermano menor ayudan a su madre a vender maíz en el mercado. Phiona también ayuda a cuidar a su hermanito. Su mundo cambia un día cuando conoce a Robert Katende en un programa misionero. Katende es entrenador de fútbol y enseña a los niños a jugar al ajedrez en un centro local. Curiosa, Phiona se acerca y aprende el juego. Queda fascinada con este, y pronto se convierte en una de las mejores jugadoras del grupo bajo la guía de Katende.

Su entrenador, a pesar de la oposición inicial de las autoridades locales de ajedrez, los lleva a ella y al equipo a un torneo nacional de nivel escolar en una prestigiosa escuela local. Inicialmente, el grupo se siente incómodo entre los demás participantes y el entorno más próspero. Sin embargo, su talento triunfa y Phiona ocupa el primer lugar.

Luego, la película procede a rastrear los altibajos del éxito en competencias y torneos de Phiona y sus compañeros pioneros. Las luchas de la vida en Katwe están siempre presentes y Phiona espera que el ajedrez proporcione un medio de escape de Katwe para ella y su familia.

Phiona lidera el equipo de Uganda en la Olimpiada de Ajedrez en Rusia, confiada en que logrará convertirse en Gran Maestra, asegurando las finanzas necesarias para sacar a su familia de la pobreza. Sin embargo, la competencia resulta demasiado dura y ella cede ante su oponente canadiense.

Phiona regresa a Katwe, abatida y dudando de sus habilidades. Sin embargo, con el apoyo del entrenador Katende y la gente de Katwe, regresa al ajedrez y finalmente tiene un gran éxito.[2]

En medio de las muchas enseñanzas, surge una en particular que vale la pena notar y resaltar. Una niña que se muestra interesada y un entrenador que percibe el talento y se dedica a verlo aflorar. Katende es un entrenador que recorre la milla extra para apoyar, entrenar y acompañar a su nueva pupila en el trayecto de pulir sus capacidades y ganar campeonatos.

---

2. «Queen of Katwe», Wikipedia, 13 de junio de 2023. https://en.wikipedia.org /wiki/Queen_of_Katwe

Crear más oportunidades para otros es una forma de honrar

Una de las formas más extraordinarias de honrar a una persona es abrirle puertas a la libertad, serle de bendición en escenarios extenuantes. Hay dos tipos de héroes: los conquistadores y los libertadores. Se dice por ejemplo que el líder latinoamericano Simón Bolívar liberó a cinco naciones, no las conquistó. Su objetivo era librarlas del dominio español, con el fin de que pudiesen ser independientes, autónomas, y libres para alcanzar su esplendor como nación. De forma parecida, uno de los roles más interesantes que cumple todo líder es el de liberar a sus seguidores. Cuando se deja que puedan pensar por sí mismos, al validar que sientan por sí mismos, al dejarlos hacer a pesar de que cometan errores, en esa misma medida se los está ayudando a ser libres, a desatar sus capacidades en la práctica y a cumplir su propósito.

Ejercitar la honra con respecto al resto de las personas implica tener la expectativa de no controlar cada aspecto de su funcionamiento. Cuando se confía en ellas, cuando se les reconocen sus talentos, sus capacidades y se les hace sentir confiadas al actuar, se les empodera; pero ese empoderamiento a la vez es una formación en el tema del honor.

Hay distintos niveles de habilitación o empoderamiento de las personas bajo nuestra responsabilidad:

- **Limitar** pensar, limitar sentir, limitar hacer, limitar los errores, limitar el aprendizaje.
- **Dejar** pensar, dejar sentir, dejar hacer, dejar errar, dejar aprender.
- **Estimular** a pensar, estimular a sentir, estimular a hacer, estimular a errar, estimular a aprender.
- **Retar** a pensar, retar a sentir, retar a hacer, retar a errar, retar a aprender.

No solo se trata de dejar a los demás pensar, sentir y hacer, sino también de estimular y retar a que lo hagan por sí mismos. Porque yo podría esperar a que alguien tome la iniciativa para querer hacer algo, pero ¿qué tal si lo invito a que haga algo, a explorar sus sentimientos con respecto eso, o a pensar de forma creativa, de forma alternativa, de forma más grande o a más largo plazo? Es decir, es ser más bien estimuladores y catalizadores de nuestros seguidores/colaboradores para que lleven a cabo y liberen aquello que tienen en su constitución esencial.

Empoderamiento y sentido común

El sentido común no es una práctica tan común como parece. En mi libro *Plataforma de liderazgo para la transformación*,[3] en el que abordo la importancia de la gestión basada en valores, me refiero brevemente a Ricardo Semler, director de Semco, una de las compañías manufactureras de gran crecimiento en Brasil, quien hace algunos años llevó a su compañía de ser una empresa autocrática a una donde los empleados dirigen la operación. Ellos usan lo que quieran, escogen a sus jefes y vienen y van como les place. Algunos teóricos han pensado que Semler tal vez haya llevado la doctrina de la participación de los empleados a extremos ridículos. Pero ha tenido éxito, a pesar de obstáculos abrumadores. Su inusual acercamiento al trabajo en equipo ha producido excepcionales resultados.

Después de un colapso de salud atribuido a exceso de trabajo cuando él tenía veinticinco años, pensó en redefinir su enfoque respecto a la vida organizacional. Después de esa experiencia, decidió convertir la compañía en una verdadera democracia, un lugar manejado en confianza y libertad, no en temor. Durante la década de 1980,

---

3. Sampedro, Jesús, *Plataforma de liderazgo para la transformación: Ideas e historias basadas en valores para entidades emergentes alrededor del globo* (Valencia, Venezuela: Global Leadership Consulting, 2015).

Semler hizo de Semco un laboratorio para prácticas de administración inusuales, pero exitosas, pues la compañía llegó a ser uno de los lugares de trabajo más progresistas y democráticos del mundo.

Todos los reglamentos fueron reemplazados por la norma del sentido común. Semler resume sus esfuerzos en valores tales como tolerancia, sentido común, respeto y decisiones compartidas. Todo esto produjo un nuevo significado para el trabajo en equipo. La idea de presentar el caso de Semco no es pretender que todo sistema organizacional haga lo mismo. Es solo para considerar e imaginar hasta qué punto sería apropiado involucrar a los colaboradores en las decisiones importantes y el efecto que esto podría tener.

La tolerancia al error

Los líderes necesitan redefinir lo que significa «fallar en algo». Así como Thomas Edison reconoció que «la genialidad es 1 % inspiración y 99 % transpiración», los líderes necesitan tener una perspectiva que considere experimentos fallidos como aprendizajes que servirán para futuros hallazgos. Cuando las personas ven que pueden fallar responsablemente en lo que hacen, su nivel de confianza aumenta. Si existe «permiso para equivocarse», entonces los colaboradores empiezan a opinar, a aportar, a proponer. Sin este permiso, existe solo miedo a ser criticado. Entonces, las personas no se atreven a tomar decisiones, no se atreven a hacerse responsables. La perseverancia y la tolerancia al error están asociadas con la capacidad de innovar.

Tikkun Olam, el empeño judío por sanar a las naciones

Y haré de ti una nación grande, y te bendeciré,
y engrandeceré tu nombre, y serás bendición.

(GÉN. 12:2)

… y mediante tu descendencia, todas las naciones de la tierra
serán bendecidas. Todo eso, porque me has obedecido.

(GÉN. 22:18, NTV)

La idea de redimir sociedades a través de innovaciones y emprendimientos empresariales está en el centro de esta práctica ancestral
judía. Avi Jorisch, en su *libro Thou Shalt Innovate* [Innovarás],[4] se
refiere a la tradición judía de Tikkun Olam, o «curar el mundo»,
como un factor fundamental y distintivo en el impulso israelí a
la sociedad y como un motor para que se les considere como la
nación emprendedora. Se dice que Israel tiene más empresas emergentes per cápita que cualquier otro país del mundo; y una parte
desproporcionada de sus innovaciones también terminan haciendo
del mundo un lugar mejor. El compromiso de mejorar la vida de
los demás, de seguir el mandato bíblico de las escrituras de ser una
«luz» para las naciones y de agregar valor parece ser parte integral
de estos avances para Israel y para otros países que han adoptado
la cosmovisión bíblica. La reflexión va en torno a cuántas otras
naciones tienen como mandato nacional «ser de bendición y sanar
a las demás naciones», versus las que funcionan con una implaca-
ble búsqueda competitiva del éxito nacionalista y egocéntrico por
encima de todo.

Esta idea es muy cónsona con el llamado del apóstol Pedro a ser
agentes de bendición, cuando dijo: «No devolviendo mal por mal, ni
maldición por maldición, sino por el contrario, bendiciendo, sabiendo
que fuisteis llamados para que heredaseis bendición» (1 Ped. 3:9).

El autor Charles Handy menciona que el único objetivo justificable
de una organización es la creación de valor agregado. Eso podría
ser creando algo que no existía antes, o si lo estaba, para hacerlo
mejor, más barato o más accesible. Una empresa exitosa es aquella

---

4. Jorisch, Avi, *Thou Shalt Innovate: How Israeli Ingenuity Repairs the World*
(Jerusalén, Israel: Gefen Publishing House Ltd., 2018).

que continuamente agrega valor.[5] Cuando una empresa deje de agregar valor, empezará a extinguirse. Pero cuando se empeña en agregar valor, en esa misma medida se convierte en un agente de transformación y honor para los involucrados.

Una empresa o carrera que glorifica a Dios agrega valor financiero, material, ético y espiritual a todas las partes involucradas, incluidos accionistas, proveedores, clientes, miembros de la comunidad, etc. Los esfuerzos de valor agregado, transformadores o redentores de los cristianos en el mercado global, siguen teniendo un impacto positivo en cualquier departamento, organización, industria, nación e incluso en todo el mundo.

5. Handy, Charles B., *The Age of Unreason* (Boston, Mass: Harvard Business School Press, 2003).

15

Forjarse un buen nombre

Cumplir acuerdos y promesas

M i papá siempre me ofrecía llevarme al parque a «ver comer helados». No era a comer helados, sino a ver a otros comer. Aunque era una broma, pude entender la diferencia y agradecer cuando, además de ver a otros, también él iba más allá de mis expectativas y me compraba un helado. Se ha dicho que «es mejor subofrecer y sobreejecutar que sobreofrecer y subejecutar». En pocas palabras, es mejor ofrecer por debajo de lo que uno considere que puede lograr, de manera que si se logra más, todo el mundo estará feliz.

En el mundo organizacional, es muy común ver presupuestos levemente abultados en caso de que los superiores quieran rebajarlo; entonces, si esto sucede, quedarán finalmente en el número originalmente pensado. Está también la posibilidad de callar u ocultar información con la idea de no generar complicaciones o confusiones. Sin embargo, esa mentalidad está fundamentada en una distorsión de la genuina percepción del líder al ofrecer algo. Considero que es mejor hablar con sinceridad y compartir la verdadera estimación, y quizás acompañarlo con una sana y respetuosa descripción de los riesgos y las expectativas, de manera que todo sea transparente. En todo caso, es mejor actuar con toda responsabilidad y sinceridad, sin agendas capciosas, al hacer presupuestos, estimaciones y ofrecer ayuda. «Errar es de humanos, rectificar es de sabios», como reza el dicho popular.

En este sentido, corresponde obrar con conciencia de los potenciales sesgos cognitivos con los que podamos estar funcionando, los
cuales demuestran nuestra limitada y subjetiva naturaleza; pero a la
vez, esto nos otorga una oportunidad para sincerar nuestra realidad
perfectible.

Enfrentar la realidad

Los autores Bennis y Nanus comentan que los gerentes hacen las
cosas correctamente mientras que los líderes hacen lo correcto;[1] es
decir, liderazgo implica hacer lo que se necesita hacer para movilizar a la organización en la dirección apropiada. Los líderes son por
naturaleza quienes confrontan el *statu quo* (el estado actual de las
cosas), la complacencia y la zona de confort de las organizaciones
y su gente ante los urgentes cambios que se necesitan hacer para la
sostenibilidad. El líder se encarga de acercar el futuro al presente, y
de adecuar la respuesta individual y corporativa (en fuerza, dirección
y creatividad) a las exigencias del entorno, nada más, nada menos.
Emprender iniciativas de avanzada requiere temple en la conexión
entre el futuro y la realidad actual; no sirve solo ver el presente o
solo ver el futuro, se requieren ambas cosas. El asunto es que esas
realidades son incómodas y crudas, y requieren determinación al
enfrentarlas.

El autor Henry Cloud se refiere a esto al reconocer que los líderes
de carácter son aquellos que «enfrentan la realidad tal cual es».[2]
Sin embargo, ¿cómo puede un líder enfrentar una realidad que no
comprende? El primer paso entonces es procesar y definir concre-
tamente dónde está parada su gestión de liderazgo y qué se necesita

---

1. Bennis, Warren G., y Nanus, Burt, *Leaders: Strategies for Taking Charge*
   (Nueva York, NY: HarperBusiness Essentials, 2007).
2. Cloud, Henry, *Integrity: The Courage to Meet the Demands of Reality* (Nueva
   York, NY: Harper, 2009), p. 18.

para abordarla de forma relevante. Y luego, se requiere perseverancia para mantenerse a flote.

Capacidad de ejecución

En una oportunidad, conversaba con un alto ejecutivo de una empresa transnacional en el sector industrial y me dijo que lo que realmente le hacía saber si alguien tenía potencial de liderazgo en su organización era su capacidad de ejecución, de hacer que las cosas ocurran, sin excusas y a tiempo. La ejecución es el factor determinante en la relación entre la estrategia y la estructura de las organizaciones, y representa el cierre de la brecha entre lo que se pretende hacer y la conformación de marcos organizativos para su realización, a pesar de los obstáculos y retos.

Los autores Bossidy y Charan consideran que la ejecución es una disciplina en la vida del líder, y la consideran la conexión faltante entre aspiraciones y resultados. En este sentido, valores como diligencia y perseverancia contribuyen a la conformación de un sistema que contribuya en esa dirección y les permite a los líderes actuar para reducir la brecha entre estrategia y estructura, centrándose en la ejecución. Según Bossidy y Charan, la ejecución se define como un proceso sistemático de discusión rigurosa de los cómos y los qués, preguntas, seguimiento tenaz y rendición de cuentas afirmativa; algo reminiscente de la necesidad de entregar resultados apropiados, aun en medio de circunstancias adversas.[3]

No solo que la capacidad para hacer que las cosas ocurran es necesaria para la sostenibilidad, sino que también es un mecanismo de honor comunitario. Cuando una organización es efectiva, le otorga un nivel de confianza, satisfacción, un sentido de significado y de propósito a sus colaboradores y a quienes forman parte de su ecosistema.

---

3. Bossidy, Larry, y Charan, Ram, *Execution: The Discipline of Getting Things Done* (Londres, Inglaterra: Random House Business, 2011).

El carácter de los líderes es lo que les hace mover los asuntos en la dirección correcta, en el tiempo adecuado.

No abandonar

Tuve la oportunidad de servir durante alrededor de veintidós años en una organización internacional sin fines de lucro (con más de noventa y cinco países), cuyo objetivo es alcanzar, discipular, equipar y habilitar a líderes en el mercado para la obra ministerial en el sitio de trabajo. Durante ese tiempo, serví dos períodos (ocho años en total) en la Junta Directiva Internacional de la organización, teniendo que participar en al menos dos reuniones de directiva cada año en dos sitios diferentes del mundo. Como la mayoría de las instituciones de este tipo, la participación en la directiva implica un compromiso voluntario (no remunerado) en el que se espera que uno invierta tiempo, talentos, relaciones y finanzas con la firme intención de contribuir con una misión apasionante. ¡Y con qué alegría lo asumí!

A diferencia de lo que muchos puedan pensar, estar en una junta directiva de una organización cristiana sin fines de lucro implica normalmente una inversión. No solo que no te pagan por estar allí, sino que, en la mayoría de los casos, se espera que cada directivo pueda costear sus propios gastos para participar de las actividades, e incluso que inviertas en la causa de la organización con tu talento, relaciones, tiempo y tesoro. El asunto es que, durante esos ocho años, yo estaba recién casado, y coincidieron varios embates económicos y retos logísticos para viajar en mi contexto país que impactaron fuertemente mi capacidad para asistir a algunos de estos compromisos. Algunos de esos viajes internacionales significaban un verdadero sacrificio familiar, pero en todo tiempo teníamos la convicción de que, si habíamos asumido el compromiso como familia, era muy importante cumplirlo y Dios proveería para todo. En algunas oportunidades, el dilema era si ir a la reunión o comprar las cortinas para nuestro apartamento, asistir a la reunión o arreglar el carro. Sin embargo, eso siempre nos trajo paz; sabíamos que estábamos funcionando dentro de la voluntad de Dios, dentro de un acuerdo. Dios conoce nuestro corazón. Dios es fiel. Nunca faltó nada. Dios lo hizo. Aunque no fue fácil, y en un par de oportunidades no pude asistir, mi familia y yo pudimos sin duda comprobar la bendición de Dios que acompañó nuestra disposición de cumplir con la responsabilidad y funcionar dentro de un acuerdo.

Hoy en día mucha gente abandona cosas con sorprendente facilidad. No quiero decir con esto que no haya situaciones que quizás ameriten un cambio de rumbo; sin embargo, sí quiero enfatizar que uno de los flagelos de esta generación es la falta de carácter para continuar en medio de las dificultades. Años atrás, sobre todo en el contexto organizacional, muchas personas sentían orgullo por permanecer en una organización y jubilarse luego de veinte, treinta o cuarenta años de trabajo abnegado. En la actualidad, eso es cada vez más difícil de ver. Las nuevas generaciones se mueven en función de otros valores y es difícil discernir la esencia. El problema con esto es que, cuando se trata de falta de compromiso, eso se está trasladando a otras áreas de la vida, y se hace difícil ver una ruta clara de avance en muchos, especialmente en los jóvenes.

La obediencia: inspiración para continuar

Hay momentos en donde no va a dar muchas ganas de terminar lo que se ha comenzado. Cuántas veces hemos iniciado algún programa de entrenamiento, el estudio de algún idioma, algún libro, alguna carrera universitaria o sencillamente un proyecto personal, vocacional u organizacional y lo hemos dejado a la mitad. Sin embargo, completar lo que se ha ofrecido o lo iniciado es una gran oportunidad de mostrar compromiso con Dios, con uno mismo y con los demás.

Tuve la oportunidad de obtener una beca presidencial completa para hacer un doctorado en liderazgo estratégico; fue un gran privilegio que se convirtió en una gran responsabilidad. Saber desde el principio del programa que más de la mitad de los que inician el doctorado no logran culminarlo no fue muy motivador. Es fácil imaginarse que a lo largo de tres o cuatro años de estudios muchas cosas pueden pasar en la vida de una persona (circunstancias de salud, trabajo, familia, vida, etc.) que podrían hacer desistir a cualquiera.

En mi caso, puedo decir que fue bien difícil, ya que en medio del doctorado, decidí iniciar mi empresa de consultoría, entrenamiento y *coaching* de liderazgo, además de estar involucrado en diversos proyectos apoyando el inicio de una iglesia, y liderando la expansión nacional de una organización cristiana de alcance y equipamiento a empresarios y profesionales. Estaba bastante ocupado. En una oportunidad incluso recuerdo que caí enfermo con mononucleosis, no tenía energía para nada, literalmente solo me podía parar de la cama para ir al baño por un período cercano a dos meses. Temía que, si paraba el doctorado, después no podría volver a comenzarlo o perdería la beca, y eso me angustiaba mucho. No quería perder el ritmo y, gracias a la bondad de los profesores entre semestres durante mi tiempo de enfermedad, logré ponerme al día y continuar. Cada trabajo, cada proyecto y cada investigación me llevaba largas horas; tuve días y noches interminables durante tres años y medio.

En medio del doctorado, un día me pregunté si realmente eso valía la pena, pero pude saber de parte del Señor que terminar el doctorado era sencillamente un acto de obediencia. Si Dios había abierto la puerta para una beca que implicaba miles de dólares y si me estaba guiando a prepararme en este tema, era importante y determinante que concluyera, que me esforzara y entendiera que lo estaba haciendo principalmente para agradar a quien me había permitido estar allí. La gracia de Dios fue suficiente y me permitió culminarlo, y hoy en día estoy sumamente agradecido, en especial porque ha sido un poderoso instrumento en las manos de Dios y he podido conectarlo con el área de propósito de habilitar a una nueva generación de líderes con una nueva forma de equipar líderes.

El asunto no es cómo se inician las cosas, lo importante es la consistencia en el camino, el abordaje de los retos y la fuente de inspiración para continuar. Es importante reconocer entonces que, si Dios nos ha abierto una puerta hermosa para hacer algo, cuando caminamos a través de ella, estamos siendo congruentes con el llamado de Dios, con las capacidades que Él depositó en nosotros y con el impacto que espera que tengamos, sea pequeño o grande. Si queremos subir de nivel de influencia, enfoquémonos primero en subir de nivel en fidelidad. Estamos dándole honra a Él. A pesar de los obstáculos y en medio de las dificultades, allí es donde Dios perfecciona Su poder en nosotros. Nuestro código de honor, impulsado por la virtud y el carácter, ha de llevarnos más allá de lo que nuestras capacidades nos permitirían solas.

Cuando fallamos

Cuando una persona ha cometido alguna falta u ofensa, es importante ponderar la dimensión de esta para actuar en consonancia. Una ofensa puede haber sido involuntaria o adrede, puede ser personal, grupal o colectiva, puede ser pequeña, mediana o grande, puede tener consecuencias desde leves hasta graves; en fin, puede tener diferentes dimensiones. Por ejemplo, una cosa es que una persona llegue tarde a una reunión y entre sin decir nada. Otra es que pida disculpas por el retraso, y otra es que venga acompañada de una aclaratoria del causante del retraso (sea justificado o no). Si la persona tuvo una situación fortuita o alguna emergencia (por ej., chocó su vehículo) que le causó un retraso, pues es perfectamente comprensible. Sin embargo, no es lo mismo que una persona siempre llegue tarde, siempre tenga una excusa o sencillamente no le importe haber llegado tarde. Tampoco es lo mismo que una persona que haya prometido recientemente que no volvería a llegar tarde, luego se presente tarde.

El principio aquí es que es importante construir confianza al respetar el tiempo, los recursos y la atención de los demás, y dar la cara ante los acuerdos que hemos pautado con ellos. Hay faltas que ameritan no solo una disculpa, sino una explicación y a veces una enmienda por lo ocurrido. En el mundo comercial esto es muy importante. Si una persona tiene un compromiso de pago, entrega de productos o compromiso que cumplir para una fecha específica, y por alguna razón no podrá cumplir, es importante hablar y explicar por qué. Incluso si es algo que ve venir, es preferible hablarlo con anterioridad. Siempre es mejor dar la cara, con honestidad y respeto ante cualquier incumplimiento. A veces, también es importante dar un poco de contexto de la situación, y describir lo que sucedió tras bastidores, el tiempo y la estrategia que se está abordando que permitirá cumplir con el compromiso. Así se construye confianza y honor.

Parecemos vivir en un ambiente en el que las personas no piden perdón por sus errores. Cambiemos eso. Todo esto nos apunta a que es importante ponderar el daño y la frecuencia con que se comete una falta, y sobre todo, el respeto que debemos mostrar a las personas involucradas al reconocer que hemos fallado y que somos conscientes, y sobre todo, que estamos dispuestos a hacer algo al respecto para enmendar la falta y cambiar en el futuro.

Dominio de la visión

En el libro *Liderazgo visionario,* que escribí con el Dr. Arnoldo Arana, comentamos que desarrollar liderazgo no solo se limita a concebir y articular una visión; requiere además desarrollar las habilidades, destrezas, recursos, hábitos y herramientas que permiten llevarla a la realidad.[4] Si el líder no logra desarrollar dominio de los factores clave de su visión, esta se queda en puro deseo, simple intención. Entonces, el asunto es que, para ser visionario, se requiere diligencia en dominar ciertas destrezas. El dominio de la visión demanda el

---

4. Sampedro, Jesús, y Arana, Arnoldo, *Liderazgo visionario: El arte de convertir la visión en realidad* (Valencia, España: Global Leadership Consulting, 2014).

desarrollo de cinco destrezas claves para la generación, comunicación, sostenibilidad y logro de la visión:

1. Dominio personal.
2. Dominio en el uso del tiempo.
3. Dominio en la ejecución de la tarea.
4. Dominio en la construcción de las relaciones.
5. Dominio en la comprensión y manejo del contexto.

Desarrollar cada una de estas destrezas es una demostración del compromiso del líder con el logro de la visión. Tan solo podemos imaginar la frustración que se crea en los colaboradores al ser expuestos a una visión, pero se perciben parte de una organización que no logra articular y alinear los elementos necesarios que le permitirán ir en esa dirección. Un líder que solo ofrece una visión, pero no la acompaña con la intencionalidad, el esfuerzo y finalmente el desarrollo de estas cinco destrezas, sencillamente está demostrando su falta de genuino compromiso y responsabilidad para lograrla.

Desde el ángulo del liderazgo, quizás uno de los retos más grandes es cumplir lo que se ha ofrecido. Todo líder ha de ser minucioso y detallista en cuanto a cómo confecciona la visión y la estrategia de la institución, cómo la comunica, pero sobre todo, cómo le da seguimiento hasta que sea una realidad. La gente se da cuenta cuando un líder tiene muy buenas intenciones pero no está realmente enfocado y determinado en hacer un seguimiento para que se lleve a cabo. Muchas organizaciones conviven con personas con alto nivel de cinismo y desconfianza, ya que por años se han plasmado retos, metas, iniciativas y realmente nadie les da seguimiento, y mucho menos monitorea su cumplimiento. Así que, *¿para qué cumplirla?*, se preguntan ellos. Es importante que los líderes busquen maneras concretas y eficientes de darle seguimiento a las cosas, de conversar con las personas, de buscar mecanismos para optimizar el funcionamiento y darse cuenta de la realidad. Aunque a veces la realidad sea incómoda, es en esa capacidad de comprender y afrontar la realidad que el liderazgo gana espacio en medio de sus seguidores.

Por eso es bueno atreverse a preguntarles a los seguidores o colaboradores:

1. ¿Te he fallado en algo?
2. ¿Cuál ha sido tu experiencia de aprendizaje más significativa hasta ahora? ¿Por qué?
3. ¿Cuál es la bendición más grande que has recibido desde que has sido parte de esta organización (equipo, o proyecto)? Explica.
4. ¿Te sientes confiado como para compartir cosas importantes de tu vida con tu líder? ¿Por qué sí o por qué no?
5. ¿Qué ha sido lo más difícil para ti con respecto a compartir con tu líder? ¿Tienes algunas sugerencias para mejorar eso?
6. ¿Cuál es el desafío más grande que has tenido desde que eres parte de la organización? Explica.
7. ¿En qué áreas sientes que has crecido como resultado de ser parte de la organización?
8. ¿Qué sugerencia le darías a tu líder para que mejore, cambie, aprenda o use para hacer que la organización sea más eficaz y relevante en tu vida?
9. Al mirar hacia el futuro, ¿qué metas, ideas o sueños ha colocado Dios en tu corazón?
10. ¿Sientes que podrías tomar la iniciativa con confianza y asumir algún nuevo reto de liderazgo con más responsabilidad? Si la respuesta es no, entonces ¿qué te falta o cómo lo lograrías?

Un buen nombre

De más estima es el buen nombre que las muchas riquezas,
Y la buena fama más que la plata y el oro.

(PROV. 22:1)

El Salmo 15 provee un valioso panorama del anhelo del salmista de tener una relación cercana con Dios y vivir en integridad ante Él. Uno de los ejes centrales se refiere a sostener un código de honor en marcha. No solo en la forma en que alguien se maneja en integridad, verdad y justicia (v. 2), sino también en la forma en la que habla de los otros y en cómo los trata (vv. 3-5). Es un código dual, interno e interactivo.

> Jehová, ¿quién habitará en tu tabernáculo?
> ¿Quién morará en tu monte santo?
> El que anda en integridad y hace justicia,
> Y habla verdad en su corazón.
> El que no calumnia con su lengua,
> Ni hace mal a su prójimo,
> Ni admite reproche alguno contra su vecino.
> Aquel a cuyos ojos el vil es menospreciado,
> Pero honra a los que temen a Jehová.
> El que aun jurando en daño suyo, no por eso cambia;
> Quien su dinero no dio a usura,
> Ni contra el inocente admitió cohecho.
> El que hace estas cosas, no resbalará jamás.

Uno de los estándares presentados está relacionado con la honra a quienes ponen a Dios primero en sus vidas y funcionan con un compromiso de cumplir lo prometido, aunque salgan perjudicados en el proceso (v. 4). Qué práctica tan necesaria para el ejercicio efectivo y moral del liderazgo.

Los de la puerta de la ciudad

La idea de tener una vida de solidez, integridad y prestigio está en el centro de la búsqueda de una vida honorable. Proverbios 31:23 habla de la forma en que funciona la mujer virtuosa en relación con la reputación del esposo: «Su marido es conocido en las puertas, cuando se sienta con los ancianos de la tierra». Cuán influyente y necesaria podía llegar a ser para un hombre así una esposa prudente. Y así, él era coronado de honor y ella era su corona (Prov. 12:4).[5]

«Las puertas» se refieren al lugar más importante de la ciudad; por un lado, por ser el punto estratégico de acceso, y por otro, por ser donde líderes y responsables ejercían su labor. Era un lugar público donde se tomaban decisiones importantes (Rut 4:1-5) y por eso es posible suponer que el trabajo de estos hombres era de mucha importancia.

El esposo de esta mujer equivale a un hombre conocido, respetado e importante. La palabra «anciano» se usa en diversos ámbitos para hablar de un hombre que ejerce algún liderazgo: líder, pastor y diferentes posiciones de liderazgo. Son hombres que pertenecen al gobierno del lugar y tienen autoridad. Este grupo se reunía a diario en la puerta de la ciudad para tomar decisiones, organizar negocios o decidir casos importantes (Job 29:7). Hombres con buena reputación, capaces de ser representantes de su familia, pueblo y nación.

El fruto de la integridad de hoy será evidente en sitiales de respeto de la comunidad, pero más aún, cosechará mejores frutos en las próximas generaciones. Al reflexionar en la frase de la autora Maruskin, «somos los ancestros del futuro»,[6] es posible pensar en la oportunidad disponible hoy de construir un código de honor que aporte bendición a nuestras generaciones venideras. Una buena razón por la que vale la pena cuidar hoy nuestra reputación delante de Dios y de la gente es precisamente los frutos que eso traerá mañana. No todas las acciones presentes hechas en integridad traen fruto inmediato; sin embargo, todas aquellas que hayan sido alineadas a nuestro

---

5. Rodas, Verónica. «Creada para ser útil (Prov. 31:23)», Lifeway Mujeres, 20 de marzo de 2021. https://mujeres.lifeway.com/creada-para-ser-util-pr-3123/
6. Maruskin, Joan M. *Immigration and the Bible: A Guide for Radical Welcome* (Nueva York, NY: The United Methodist Church, 2012).

sistema de valores, según los fundamentos bíblicos y en obediencia a las instrucciones de Dios, se encargarán de poner nuestro nombre en el sitio adecuado delante de Dios y de los hombres, y también les abrirán camino a las generaciones venideras a nuevos sitiales en la puerta.

El fruto generacional de una vida

Cuando estaba recién casado en 2009, en plena mudanza a nuestro nuevo apartamento, coincidí en el ascensor con un señor de al menos unos 85 años. Al presentarme y decirle mi nombre, me dijo: «¿Será usted familia del señor Augusto Sampedro?», y yo le respondí que tanto mi abuelo como mi padre llevan ese nombre. Enseguida, su cara cambió, el ascensor se paró en su piso, y me expresó el profundo agradecimiento que tenía por mi abuelo, quien había sido de mucha ayuda en su vida en una época difícil que él tuvo. Me dijo: «Estoy eternamente agradecido por lo que él hizo por mí, y yo ahora entonces estoy aquí a la orden para lo que necesiten tú y tu familia». Ese día, allí en mi edificio se activó un espacio de cosecha, proveniente de lo que mi abuelo Augusto (quien fue un empresario generoso) había sembrado muchos años atrás.

A pesar de que desde hace muchos años que él ya no está entre nosotros, lo que hizo en algún momento sigue dando frutos. Yo no hice nada; fue mi abuelo el que abrió ese espacio de generosidad del que yo ahora podía beneficiarme. Es que, normalmente, en términos básicos, uno cosecha si siembra, cosecha de lo que siembra y cosecha donde siembra. Quizás por eso mi abuelo llegó a ser un empresario muy próspero, porque aprendió el ciclo del trabajo esforzado y la generosidad. Sin embargo, es importante también sumarle a eso la perspectiva divina, que uno puede que coseche más de lo que siembra, lo que otros sembraron e incluso fuera de temporada. Las promesas de Dios son magníficas y Él ha prometido bendecir nuestros emprendimientos si lo honramos a lo largo del camino. El acto de mi abuelo lo posicionó en un sitial de respeto, y un reconocimiento vino en forma de disposición unos cuantos años más tarde a mí, uno de sus nietos. Es difícil realmente saber el impacto que pueden llegar a tener actos como este.

El resultado de una vida honorable es labrarse un buen nombre para que las próximas generaciones construyan sobre él. Las circunstancias, aun las más difíciles, permiten ver a Dios como el optimizador de vidas hasta que se forme un fundamento generacional. Dios es quien nos acompaña en una progresión en la que opera primero la restauración, con el fin de establecer un fundamento sólido hacia las próximas generaciones. En 1 Pedro 5:10, dice: «Luego de que ustedes hayan sufrido un poco de tiempo, Dios mismo, el Dios de toda gracia que los llamó a su gloria eterna en Cristo, los restaurará y los hará fuertes, firmes y estables» (NVI). Es Él quien quiere y obra en medio de las dificultades para hacernos aptos y plenos, con estabilidad y vigor para poder luego establecernos. La estabilidad (gr., *dsemelióo*) de sus fieles implica ser colocados como una base o un fundamento, como un pilar social, como la base institucional o de un sistema de verdad. Es una estabilidad que provee la solidez requerida para inspirar a la próxima generación a montarse en sus hombros con confianza y afrontar con esperanza los retos del futuro.

HONOR A QUIEN HONOR MERECE

Según John Bevere, la honra puede demostrarse en actos, palabras y hasta pensamientos. Pero toda verdadera honra se origina en el corazón. Por eso Dios dice: «Porque este pueblo se acerca a mí con su boca, y con sus labios me honra, pero su corazón está lejos de mí, y su temor de mí no es más que un mandamiento de hombres» (Isa. 29:13).[1]

Los líderes son llamados a construir honor e insuflar honor en otros. No se puede aspirar a recibir honra de otros si no hay méritos construidos y si los demás no te han visto honrar a otros. El honor construye y edifica, mientras que el deshonor derriba. El honor no es una intención; es algo que ha de divisarse, percibirse, experimentarse, transmitirse. Para eso es importante articular de forma real y práctica diversas formas para honrar a las personas a nuestro alrededor.

Establecer una cultura de honor

Lograr el establecimiento de una cultura de honor requiere un esfuerzo colectivo y un compromiso individual continuo. A continuación, se comparten algunos elementos relevantes e imprescindibles a la hora de promover y fomentar una cultura de honor:

---

1. Bevere, *Honor's Reward*, Messenger International, 2019, p. 16.

Establecer un sistema de valores claros. Definir y comunicar los valores fundamentales de honor que se quieren promover y compartir en la comunidad o grupo. Esto aclara el código o sistema dentro del cual se estará funcionando. Estos valores pueden incluir la honestidad, la integridad, el respeto, la responsabilidad y la justicia, entre otros. Es importante asegurarse de que todos los miembros comprendan estos valores y estén comprometidos a vivir de acuerdo con ellos.

Modelar el comportamiento adecuado. Es esencial que todo miembro influyente de una comunidad, equipo u organización demuestre un estilo de vida honorable. Que sea un ejemplo para seguir al funcionar de acuerdo con los valores que forman parte del código compartido.

Promover la responsabilidad personal. Este aspecto fomenta la idea de que cada individuo es responsable de sus acciones y decisiones, y es capaz de abordar eficazmente situaciones retadoras con los recursos que posee o es capaz de desarrollar dichos recursos. Invita a las personas a reflexionar sobre las consecuencias de sus actos, y a asumir la responsabilidad de corregir cualquier error o enmendar cualquier daño causado. Esto puede incluir aprender a pedir perdón y expresarlo sinceramente, realizar enmiendas por daños causados, y el compromiso abierto de hacerlo mejor en el futuro.

Celebrar los actos de honor. Se trata de reconocer y celebrar públicamente a aquellos que están demostrando o han demostrado consistentemente un comportamiento honorable. Es importante identificar y destacar los logros y las acciones positivas, especialmente en relación y como reflejo del sistema de valores de honor acordado. Esto sin duda puede motivar a otros a seguir el ejemplo, a la vez que fortalece la cultura de honor y funciona como una alarma con un mensaje de prevención para evitar los comportamientos que no van en esta dirección.

Fomentar la comunicación abierta. Es muy importante crear un entorno habilitante en el que las personas se sientan seguras para expresar sus preocupaciones, plantear problemas y brindar retroalimentación constructiva. La comunicación abierta y sincera promueve la confianza, facilita la comprensión mutua y minimiza conflictos.

Dimensiones

Nunca es tarde cuando se tiene la intención de honrar a otros. Las personas pueden ser honradas de diversas maneras. A continuación se comparten algunas formas genéricas y prácticas que funcionan en casi cualquier circunstancia para honrar a otros:

- Escribir algo o grabar un video en una fecha especial.
- Hacer una visita de cortesía.
- Dar un regalo de agradecimiento.
- Ofrecerse para escuchar.
- Pedir perdón y restituir.
- Hablar cara a cara.
- Agradecer por algo que se ha hecho.
- Reconocer los atributos de carácter.
- Compartir con otros un mensaje que honra a una persona.
- Apoyar a la familia de una persona cuando esta haya partido de este mundo.
- Nombrar algún sitio, reconocimiento o evento institucional con el nombre de la persona, especialmente que tenga una conexión directa con algún atributo de carácter que haya mostrado.

Si bien esas son algunas recomendaciones genéricas, es importante detallar aún más las dimensiones a través de las cuales las personas pueden ser honradas; en este caso: por lo que son, por lo que tienen, por lo que creen, por lo que pueden hacer y por lo que ya han hecho. Es posible identificar en el cuadro que se presenta a continuación diversas áreas de honor, según la temática humana, y algunas recomendaciones prácticas al respecto.

Tácticas de honor por área

Áreas de honor	Tema humano	Qué puede hacer un líder
Lo que la persona es.	Identidad	• Mostrar interés en conocer la historia de vida de la persona. • Reconocer los atributos de la persona. • Mostrar respeto integral y buen trato como ser humano (amabilidad básica); lo que se dice y cómo se dice. • Escuchar atentamente. • No interrumpir cuando la persona habla. • Invitarla a ser todo lo que pueda ser.
Lo que la persona tiene.	Talentos, competencias, emociones, conocimiento y dones.	• Ayudarla a descubrirse. • Reconocer sus capacidades y recursos. • Ayudarla a explorar pros y contras de sus habilidades. • Retarla a usar bien sus capacidades (moralidad y efectividad). • Abrirle oportunidades para que use sus capacidades y recursos.
Lo que la persona cree.	Valores, convicciones, visión y habilidades mentales.	• Apreciar sus ideas, convicciones y valores. • Invitar a dialogar sobre ellas para afinarlas. • Nutrir su sistema de pensamiento. • Destapar y habilitar su potencial creativo. • Buscar aplicaciones prácticas de sus creencias. • Afirmar el valor de defender sus convicciones con asertividad.

Áreas de honor	Tema humano	Qué puede hacer un líder
Lo que la persona puede hacer.	Habilidades para hacer, capacidad de ejecución.	• Ayudarla a darse cuenta de lo que no se ha dado cuenta. • Ayudarla a organizar prioridades. • Darle seguimiento a los compromisos y las prioridades adquiridas. • Retarla a alcanzar metas difíciles. • Hacerle ver y asumir su responsabilidad en sus roles y prioridades. • Ayudarla a identificar y crecer en áreas de talento. • Ayudarla a identificar y a gestionar/delegar en áreas de debilidad. • Ayudarla a expandir recursos y redes relacionales.
Lo que la persona ha hecho.	Logros, impacto, legado.	• Crear espacios para el recuento de sus logros • Reconocerlos y difundirlos públicamente. • Inventariar y discernir el propósito de estos. • Configurar conmemoraciones de dichos logros. • Agradecerlos. • Invitarla a ampliarlos.

Pagar las deudas del liderazgo

Paguen a cada uno lo que corresponda:
si deben impuestos, paguen los impuestos;
si deben contribuciones, paguen las contribuciones;
al que deban respeto, muéstrenle respeto;
al que deban honor, ríndanle honor.

(ROM. 13:7, NVI)

Según el pasaje de Romanos 13:7, hay varios tipos de deudas y es importante pagarlas. Es una invitación a vivir una vida solvente, al día en todos los sentidos, sin deudas de ningún tipo. Ni a padres, ni a gobernantes, ni a líderes, ni a aquellos bajo nuestra responsabilidad. Uno de los aspectos más importantes en la gestión de todo líder es en relación con sus colaboradores o seguidores. El líder ha de ser alguien que identifica las necesidades de sus colaboradores y activa los mecanismos necesarios para proveerles la solución más pronta, eficaz, adecuada y sincera posible. En este sentido, si alguien no ha provisto para las necesidades de su gente, entonces tiene una deuda histórica con ellos. No siempre se da lo que se debe o lo que se quiere dar a otros, o quizás no se da a tiempo. El reto no es solo saldar deudas monetarias; también hay deudas de índole moral, espiritual, civil, organizacional y de liderazgo. La gente merece alcanzar su potencial, y para ello, hay una serie de compromisos que todo líder ha de cumplir.

A continuación se mencionan algunas posibles áreas de deudas del líder para con sus seguidores o colaboradores, y su respectiva sugerencia de cómo saldarlas:

Capacitación y desarrollo. La gente en la organización precisa desarrollarse, tanto profesional como integralmente. Es posible que estén necesitando mecanismos para afinar sus capacidades actuales a las que les demanda su rol hoy (capacitación) o su futuro rol (desarrollo). Algunos mecanismos a través de los cuales puede servirse a esta gente son: obsequiando libros, mentorizando, enviando a programas de formación, inspirando al autocrecimiento, entre otros.

Trato de honor. No tratar a alguien mal no significa automáticamente que se lo está tratando con honor. Toda persona precisa ser tratada con honor, respeto y dignidad. Si una forma de comunicación irrespetuosa dura largos años, la moral de los colaboradores se erosiona significativamente. Es posible honrar a las personas al usar el tono adecuado, el lenguaje corporal adecuado y las palabras adecuadas. Es decir, aquel acompañamiento integral que afirma, edifica, confirma y anima. El uso de elogios verbales y palabras de aprecio continuo por lo que las personas son, por lo que hacen y por lo que son capaces de hacer es de vital importancia en entregar honor.

Atención. No prestar atención a las necesidades e ideas de la gente es un problema. El ser humano tiene una necesidad intrínseca de aportar en asuntos significativos. En este sentido, es posible crear mecanismos y espacios para escuchar genuinamente a la gente, darles seguimiento y respuesta oportuna a sus ideas, y empoderarla para llevar a cabo las ideas planteadas.

Seguimiento. Las visiones, los proyectos y las metas generan grandes expectativas en la gente; y por eso es vital que se les dé seguimiento a los tiempos de realización de las etapas de cada proyecto que plantea el líder o la organización. Si la gente percibe una desconexión entre las expectativas, la disposición y la realidad en cuanto a algún proyecto, seguramente se desconectará. Es posible crear mecanismos, indicadores de gestión (tableros) o cuadros de avance que permitan la sintonía, la sincronía y el seguimiento oportuno de lo significativo en la organización.

Reconocimiento. Los colaboradores en una organización precisan ser reconocidos tanto por los atributos como persona y como profesional, por entregas bien realizadas y por los resultados totales de su gestión. Es posible reconocerlos privada y públicamente, otorgar incentivos monetarios o no monetarios, ascenderlos a nuevos niveles de responsabilidad, etc.

La aspiración de todo líder ha de existir en un estado de solvencia integral, sin deudas; o al menos, mantenerse en un acto continuo, consciente e intencional para balancear positivamente su estatus ante sus colaboradores, todo en pro de un ejercicio de liderazgo cada vez más efectivo y de impacto sostenido.

Entonces, es importante preguntarse: ¿tengo deudas? ¿Cuán consciente soy de ellas, o son involuntarias? ¿Tengo deudas por ignorancia, por haber pagado menos de lo que corresponde o por no haber querido pagar? ¿Cómo puedo empezar a pagarlas?

En 2 Samuel 9 se presenta una historia de honra recuperada o una deuda saldada. Mefiboset fue honrado luego de años en la clandestinidad. Jonatán, el hijo del rey Saúl, había sido un amigo cercano al rey David. Luego de que Jonatán muriera, un día, el rey David decidió honrar tal amistad y se preguntó: «¿Queda aún algún descendiente de Jonatán con vida?». Al descubrir que Mefiboset, quien había quedado lisiado desde niño por una caída aparatosa, aún vivía; inmediatamente el rey lo invitó a vivir en su palacio. Allí se encargó de su sostenimiento y el de su familia cercana. Fue un acto de honra a su padre Jonatán por el buen trato que él le había dado en vida y por su amistad.

Somos deudores de muchos en nuestras vidas, seamos conscientes o no de eso. La invitación es a que vivamos conscientes y honremos a quienes debamos honrar. Piensa tan solo en la cantidad de personas que en algún momento de tu vida te extendieron una mano, creyeron en ti, se esforzaron por ti, te perdonaron algo, te prestaron o regalaron algo cuando lo necesitaste. Cada uno ha de tener su propia lista de personas a quienes honrar. En mi caso, creo que empezaría con mi familia y un puñado de personas que me han apreciado, hospedado o abierto puertas.

Hagamos todo lo posible, todo cuanto esté en nuestras manos, recibamos toda sabiduría y guía del Señor para mantener una vida al día en cuanto al honor, que no le debamos nada a nadie. Que mantengamos una consciencia limpia delante de Dios y de los demás, que vivamos de tal manera que no acumulemos ninguna deuda y que estemos siempre listos para dar honor a quien honor merezca. Todos somos protagonistas en el rescate de un liderazgo que funcione dentro de un código de honor.

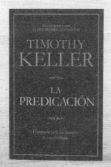